Raphael Custos, Steffan Michelspacher

Cabala, Spiegel der Kunst und Natur in Alchymia

Raphael Custos, Steffar Michelspacher

Cabala, Spiegel der Kunst und Natur in Alchymia

ISBN/EAN: 9783743463370

Hergestellt in Europa, USA, Kanada, Australien, Japan

Cover: Foto ©Thomas Meinert / pixelio.de

Raphael Custos, Steffan Michelspacher

Cabala, Spiegel der Kunst und Natur in Alchymia

CABALA,
Spiegel der Kunst, und Natur: in Alchymia.

Was der Weisen uralte Stein/ doch für ein ding sey/ der/ da dreyfach/ und nur ein Stein ist.

Welches allem müheseligen Liebhabern der Kunst zu Ehren/ mit Hülff GOttes / so klar als ein Spiegel fürgestelt: Davon vil bißhero geschrieben/ aber wenigen bekand. Gantz offenbar mit kurtzen Worten/ der gantzen Warheit/ durch dise beyligende Figuren/ erklärt/ und an Tag gegeben.

Durch einen unbekandten/ doch genannten/ wie ihm das Signet in diser ersten Figur Zeugnuß gibt.

Gedruckt zu Augspurg / bey Johann Schultes/ in Verlegung Joh: Weh Buchhandler
1 6 6 3.

Dem Ehrenvösten Hochgelehrten
Herren
Johanni Remmelin der
Artzney und Philosophey Doctori/
Burgern zu Ulm/ Meinem günstigen
Herren.

Hrnvöster Hochgelehrter/ Euer Excellentz seien meine gantz geflissene willige Dienst / nach meinem geringen vermögē/ allzeit bereit/ großgünstiger Herr Doctor/ Eur Excellentz werden sich ohne zweiffel noch großgünstiglich zu entsinnen wissen / was massen auff mein vilfaltig Sollicitiren und begehren/ sie mir hiebevor auß lauter gutherziger Affection so wol gegen mir selbst/ als beförderst auch gegen den löblichen und herrlichen Künsten der wahre Medicinæ und Philosophey (dann der sondern Experientz und Erfahrenheit in denselbigen damit Eur Excell. vor andern von Gott begabt/ Ich/ als ein unerfahrner/ geschweige/ ein Anatomicum opusculum in Lateinischer Sprach/ von der wunderbaren Fabric und Bschaffenheit/ aller und jeder theil deß Leibs/ der Edlesten under allen Creaturen/ deß Menschen/ Catoptrum Microcosmicum inscribiert. sampt selbigen Beschreibung/

ſchreibung/ Pinax Microcoſmigraphicus intituliert. Communicirt und zu kommen haben laſſen.

Demnach nun ſolch Anatomiſch Werck/ Ich ein gute Zeit her willens geweſt zu publicieren/ aber in mehr weg verhindert/ doch endlich mit Eur Excellentz großgünſtiger Bewilligung an Tag gegeben/ warinnen Eur Excellentz ſonderbare Modeſtia in deme wol zu verſpüren/ daß ſie bey gemelts Wercks Edition nit verwilligen wollen/ unter dero/ als deß Authoris Namen/ ſelbige ans Liecht kommen zulaſſen/ unangeſehen Eur Excellentz Contrafractur und Wappen auffm frontiſpicio deß Tractats den Leſern hiervon was andeuten mögen.

Wann aber dem Edlen Vöſten Juncker Philipps Hainhofern in Augſpurg/ diſes Catoptrum mit ſampt ſeinem Pinace unterdienſtlich von mir dediciert, in anſehung/ deſſen Vöſt ſolcher Artificien ſonderlicher Liebhaber und æſtimator iſt/ auch ſolche bey hohen/ Fürſtlichen Perſonen/ und andern Häuptern/ bey deren vilen/ Ihr Vöſt wolbenahmt und angeſehen iſt/ zu Commendieren weiſt/ zu dem auch mir Großgünſtig wol geneigt und gewogen iſt/ So dann Ehrngemelter Juncker Philipps Hainhofer/ auß delectation und gutem Affect, den ſein Vöſt zu dergleichen Künſtlichheiten tragen/ ſo wol auch andere mehr fürnehme Kunſtliebende gelehrte Leuth/ den Namen deß Authors zu wiſſen inſtendig begehrt/ aber offtgemelt Anatomiſch Werck und Tractat/ allbereit/ vor Eur Excellentz bewilligung daß ich dero Namen notificiren dürffe/ ſchon in Truck verfertiget geweſen. So hab/ bey jetzo fürgfallner Occaſion, weiln mir gegenwärtiges Teutſch/ ohn zweiffel verſtändiger Leuth Iudicio nach/ iſt unartiges Tractätlin vom Philoſophiſchen Stein/ von einer/ im Tractätlin ſelbs verblühender weiß genannten Perſon eingehändigt worden/ ſolchs Eur Excellentz Ich unterdienſtlichs fleiß dediciren und zu eignen

eignen wollen/theils/ damit etlicher Leuth grosser Begierde und desiderio gemäß/ auff vorgehende Eur Excellentz von mir mit instendiger Bitt / zwar kaum/ erhaltne günstige Erlaubnuß/ der Author Anatomici Tractatus oder Microcosmici Catoptri, und dessen Microcosmographici Pinacis hiemit notificirt würde/ theils darmit Eur Excellentz ob angeregter gleichsam dero von Natur eingepflantzter unter andern liberalia ingenia zierenden Künsten und Wissenschafften/ auch zu der wahren Chemiæ liebe und verlangen etwas ein begnüge geschehe/ theils auch/ biß mir mit Göttlicher Hülff/ bessere gelegenheit fürfällt / etlicher massen mein schuldige Danckbarkeit damit Eur Excellentz wegen vilfaltig mir bißher erwisnen Gutherzigkeit und Beneficenz, Ich hoch verpflichtet bin/ zu erweisen und zuerzeigen. Bitt also unterdienstlich/ dises Tractätlin in allen Günsten von mir auff und anzunehmen/ und mein günstiger Herr Patron und befürderer zu sein und bleiben/ Thue Eur Excell. sampt dero angehörigen und geliebten/ GOtt deß Allmächtigen gnädigem Schutz/ und Eur Excellentz mich gantz unterdienstlich befehlen. Datum Augspurg den 5. Tag May. Anno 1662.

Eur Excellentz

unter Dienstwilliger

Stephan Michelspacher
aus Tiroll.

Eingang an den Leser
dieser Kunst.

Wer da lißt ohn einen Verstand /
 Der ist gleich dem schatt an der Wand.
Wer vil mit Augen thut sehen /
 Und kan dero keins verstehen.
Ist ärmer / dann ein gar blind Mann /
 Der nicht sicht / und doch verstehn kan.
Darumb thu den Spiegel kehren umb /
 So wirst du sehen in der sumb.
Was in dem Spiegel zusehen ist /
 Daß kein irr noch abtweg ist.
Sonder schnurrecht / ein Linial /
 Durchzogen den Circkel überall.
So findst du drey / in vierer stehn /
 Und also / durch eins / ins Centrum gehn.
Auch wider auß dem Centro in drey /
 Durch die / vier im Circkel gantz frey.
Das also wird ein Spiegel gantz /
 Dadurch ein Blinder / in der schantz.
Kan sehen Schwartz / Weiß / und auch / Roth /
 Das alles verborgen ligt im Koth.
Darauß es muß an Tag kommen /
 Und von der grobheit werden gnommen.

Und

Und widerbracht in das subtil/
    Das er gibt (100. 1000.) mal so vil.
Darinn dann auch ist gar kein end/
    Wol dem/ der es also vollend.
Daß sey geschenckt zum neuen Jahr/
    Für gantz gewiß/ und auch gar war/
Das dieses/ der Kunst end sey gar.

Vorred.

IN GOtt geliebter/ gutherzigaer Leser/ nach dem alle ding/ Kunst und Gaben/ in GOtt deß Allmächtigen Hand stehen/ zu geben durch seine Barmherzigkeit wem er will. Also hat er mich/ als seine Creatur/ und elenden Menschen/ in der vergänglichen Welt/ angesehen/ mit Barmherzigkeit, und ist mir hierinn mit grossen Gnaden erschinen/ daß er mich als einen unwürdigen beruffen/ welchem er seine grosse Geheimnuß offenbahrte: So er doch ein Allmächtiger GOTT/ vilen andern/ die mehr und höher/ auch gelehrter, und in Digniteten der würde/ diser Welt genug seind/ hätte geben mögen/ oder wöllen.

Dieweil mir nun also durch GOTT/ das Liecht vertraut/ dadurch ihm ein Lob/ und dem Nechsten ein Nutz: will sich gebühren/ daß ich solchs nicht unter ein Banck/ oder Scheffel setz/ sonder frey auff den Tisch/ damit ein ieder/ so da kompt oder hinein geht/ sehen und verstehen möge/ was ihm hierinn zuthun und zu lassen/ er für ihm habe.

Also hab ich für mich genommen/ in einfalt/ diß Liecht durch einen Spiegel/ der Gemein/ als meines gleichens

chens für zu stellen in Figuren/ durch die Cabala/ und
Kunst Alchymia/ allen Kunst, und der Natur liebenden
Künstlern/ der Spagyrischen Handgriffen erfahren/ mit
getheilt zu haben. Darinn sie/ wie ich hoff/ werden ein
vollkommen Erkandnuß dieses Spiegels also für ihnen ha
ben/ darauß sie ihnen können zu genügen/ihrem begehren
nach/ vil Frucht und Nutzen schaffen. Für das erst zu
der Leibsgesundheit Menschliches Lebens: Zum andern/
auch Christlicher/ zeitlicher Unterhaltung deß Leibs reiche
Nothdurfft/ sambt der Seelen in das ewig Leben finden.

Kunst.

Anfang bedenck das end bald/
    O End bedenck deß anfangs Inhalt.
Dann ich Stahel/ und auch Spiegel schein/
    Gib den Kunstliebenden allein.
Diß/ was man so gar lang gesucht/
    Hat nit so rechtem gutem fug.
Hierinn mit kurtz/ der kan verstehn/
    Was Weg/ und Strasse er muß gehn.
Das er komb an die rechte statt/
    Darumb folgt jetzt bald meinem Rath.
Gehn Schmidten geht ihr lieben Herren/
    Da wird erstatt euer begehren.
Im Mars dem gar zornigen Mann/
    Find ihr ein köstlichen Zucker schon.
Dann der in Arte nihil scit,
    Welcher im Mars da arbeit nit/
Der kompt zu keinem ende der Zeit/
    Das wirst du finden in dem Streit;
Sein Balsam/ balsammirt all ding/
    Und macht dem Mann das lehrnen gring.

Ein punct auch gschwind in Circkl geht/
  Der im quadrant: vnd dreyangl steht/
Trefft ihr den Punct/so habt ihrs gar/
  Vnd kompt auß Noth Angst vnd Gefahr/
Hiemit habt ihr die gantze Kunst/
  Versteht ihrs nicht/so ists vmbsonst/
Alles was ich geschrieben hab/
  Das klagt euch bald/damit fahrt ab.

Erklärung der Kunst.

ALso hab ich in disem Himmlischen Spiegel mit Warheit/ der Kunst vnd Natur/ durch würckung eines Himmlischen Fewers: So durch krafft vnd macht/ deß Strals auß dem Stahl/ in drey vnderschidliche Forma gegossen/vnd also klar durchsichtig erfunden/daß ich dadurch hab sehen mögen/ alles das/ so vil die Augen sehen/ als Himmel vnd Erden vermag.

Erstlich hab ich einen so hoch auff Saphyer Farb durchscheinenden fewriger Art / mit viel weiß eingesprengten Spiegel gefunden/darinn ich gesehen/ der Weisen Mercurium, vnd ihr Sal, so klar als hette ich dise in meiner Hand.

Durch diesen Spiegel/ hab ich einen andern Spiegel/ durch krafft vnd stärcke deß reinen Stahls/ bekomen/darin ich hab gesehen/ den Sulphur der Weisen/ gleich der Blumen Chelidonio genanndt/mit solchem reichem Schatz/gleich Vegetabilischer Art/mit wachsen vnd vermehren/das ich der Blumen diß orts nicht genugsamb hab abbrechen können / also fruchtbar ist es mir erschinen in disem Spiegel.

Der dritte Spiegel/ist mir auß disen zweyen Spiegeln vollkomen erschinen/gantz Feurroth/vnd gleich als ein Feur/ dann wenn ich in ein wenig rütte/so begab er sich bald zu erhitzen gleich einem lautern Fewr/ das ich kaum mit Forcht/ein
B solchen

solchen in mein Hand dörfft nemmen: Dieweil ich sag/vnnd
gesehen hatte das Gottes kräffte/vnd ein groß Arcanum darin steckte.

Dann der Weisen Fewr sind ich da/dadurch alles in allem/kan gezeittiget werden/mit hilff deß sichtigen Elementischen Fewrs/welches Fewr bey vilen gesucht/aber bey wenigen gefunden.

Nun diese drey Spiegel/hab ich mit grossem fleiß/durch die reine Spagyrische Kunst/ zusammen in einen Spiegel gebracht/darinnen ich Gott/ vnnd alles/auch die Notturfft der armen / vollkommenlich wie offt ich will sehen kan / der ein Schatz vber alle Schätz genent mag werden. Solchen hab ich in verwahrung bey mir verwart/ damit er mir nit etwan gestolen / oder andern dardurch schaden zugefügt wurde.

Also verhoff ich in der summa gäntzlichen/daß ich mit disem meinem einfältigen fürbringen / den verständigen woll genug angedeut haben/was gestalt dise Figurn/bey den liebhabern in der Spagyrischen Kunst könden guts schaffen/ So sie anders mit Gott vnd der Natur vereinigt seindt/ werden sie in disem Spiegel mehr/als ich nimmer/ noch ein anderer kan beschreiben/ das albereit fürgeschrieben vnnd dargestelt/ auch durch die Figurn zusehen/ angezeigt ist worden finden.

Solches gelangt allein an dise / so der gerechten waren Alchymiæ, Spagirischer Kunst/ mit allen handgriffen wol erfahren seind: Alsdann ist nichts so klein in der Natur verborgen/ es würt offenbar. Durch die grad/oder staplen so in der ordnung/in Labore sollen durchgangen werden. Als Erstlich die Figur N°. 1. anzeigt / den grad der Calcination, dabey verstanden/ das Reverberiren, auch das Cummendiren. Die ander Figur inhalt ihres grads/als die Exaltation, darunder begriffen die Sublimation, vnd Elevation, sampt der der Distillation, Die dritt Figur / belangt die Conjunction, darin wird auch verstanden/die Putrefaction, auch die Solution, on, Deſolution, vnd Reſolution, auch die Digeſtion, vnd Circulation. Die vierdt Figur/ helt in ſich die Multiplication, dabey auch verſtanden/ das Aſcendirn Lavirn, Inbibiren, Cohobirn, auch Coaguliren, Figirn, Augmentiern Tingiern.

Alſo durch diſe gradus muß man kommen / welcher dieſen weg begehrt zugehn / die drey Spiegel in einen Spiegel zu bringen / durch verſtandt vnd anleitung der vier Hauptſeulē als iſt erſtlich Philoſophia, Aſtronomia, Alchymia, vñ die Virtutes. Neben dem Alphabeth in der Andern Figur: So im kraiß deß Circkels von Buchſtaben zu Buchſtaben / die Warhafftige Materia: ſo in vnſer Kunſt iſt zugebrauchen/ klar vnd offenbar erklert. Kanſt du nun das A. B. C. daneben auch alle Character, richtig vnd gantz wol kennen/ vnd recht verſtehen/ ſo wirſt du ſehen/was dir hierin zuſehen iſt. Alſo auch in der erſten vnnd dritten Figur/ die 4. qualitates, als da ſeind die Element/Erſtlich haiß/trucken/kalt vnd feucht/ welche dir zuerkennen geben/ die Recht primam & ultimam Materiam dardurch alles erlangt kan werden/ wie ich kurtz beſchrieben / vnnd alſo von kurtz wegen ein mehrers zuſchreiben/hab ich gleich da vnderlaſſen / Dieweil von mir lange zeit hero/ſtattliche hocherleuchte/ auch hochgelehrte/fürnehme Männer Gottes Teutſcher Nation/ geweſen vnd genugſam von dergleichen geſchrieben: Euch lehrſchullern an tag gegeben/ was müglich zugeben iſt/ auß denſelbigen mögt ihr weitern verſtand/euch hierin zu dienen/erhollen.

Dann ich ſihe doch wol / das viel ſchreibens nicht viel Frucht bringt/dieweil es alles klar/wie ich hoff in diſen Figuren an tag deß Liechts gegeben iſt.

So ich aber wurde in erfahrung kommen/ das die liebhabende dieſer Kunſt/nicht hiemit beſridiget/ ſonder weitern verſtand/vnnd bericht zu haben begerten. Iſt meiner Feder auch nicht verbotten / diß alles in einen beſſern verſtand/vnd Grund/durch die eygne experienz erfahren/ an tag zugeben

willens

willens. Dann in kurtz soll ein libell erfolgen/was Gott vnnd
die zeit geben wird/ darin von Punct zu Punct solches in 4.
theil soll getheilt werden/ deß Innhalts der zwo Hauptseu-
len / so zu sehen in der ersten Figur / von der Natur vnnd
Kunst.

    Wöllet also dieweil mit disem einfältigen fürbringen
meines Spiegels/ als einem vorlauff/ der einfalt nach/ euch
darin ersehen/ was dann also in der Demut steht/ kan mehr
hohes sehen/ dann die so hohe Augen haben: Dann hohe
Augen bedörffen keines nidrigen verstands. Also ist es nur
allein denen / so in der durch Kunst der Spagyrischen Hand-
griffe zu gnügen erfahren / gestelt / vnnd fürgeschrieben
worden.

Zum Beschluß ein Erklärung deß vhralten Steins.

Hiemit beschließ ich also frey/
    Das ist der Grund höchster Artzney
In Chymia, der Kunst dabey/
    Die Componierte Blum es sey
Hochgewürdiget/ vnd geziert/
    Von Gott erschaffen vnd Componiert,
Aqua viscosa das erst Wesen/
    Wie dir die Weysen fürlesen/
Auß vnd durch Kunst vnser Natur/
    Geboren wird die höchst Tinctur,
Drey principia, darinn sein/
    Drumb ist dreyfeltig vnser Stein

Mineralisch, Animalisch,
 Darzu auch Vegetabilisch
Das ist Leib/Seel/vnd Geist fürwar/
 Also gibts vns die Natur dar/
Honig süß/ vnd ein weichlich Saltz
 Lunarisch, Liquidum, fett wie Schmaltz
Solarisch Leo viridis grün
 Occultum Sulphur ist der Weysen gewin/
Anima deß Leibs hoch vnd theur
 Quinta Essencia vnser Fewr/
Die Blum machts Regeneration
 Kein ander Fewr diß würcken kan
Der weysen Fewr ist die Kunst/
 Ohn das all arbeit ist vmbsunst
Wann du arbeitst sag ich fürwar
 Gleich hundert/oder Tausent Jahr/
Ist gar vergebens thu ich jehen/
 Kein vollkommenheit wurst du sehen/
Sonder dein Zeit vnd Gelt verlieren/
 Darumb solst du fleissig studiren/
Auch recht darneben mercken wol/
 Ein Fewr ohn Liecht/vnd ohne Kohl/
Brauch Spiritus vivificans mit Schall/
 Macht lebendig all Todte-Metall.
Diß Fewr vbernatürlich ist
 Im lebendigen Kalch vnd Roßmist/
Ist das Fewr der Weisen gnandt/
 Doch merck darneben im Verstandt
Dises kan dir helffen auß Noth
 Suchs aber jetz nit im Roßkoht/
Es wer dir sunst ein grosse Schandt/
 Wann du vmbgiengst mit solchem Dant/

Man

B 3

Man lacht dich auß in allem Land/
  Den Vhralten Stein mach dir bekand/
So wirst haben was dein Hertz begehrt/
  Selig ist der/dem es GOtt beschert.

FINIS.

ANFANG. EXALTATION.

PHILOSOPHI.

ASTRONOM.

ALCHIMI.

VIRTVTES.

CABALA

I. SPIGEL DER KVNST VND NATVR.

4. ENDT. MVLTIPLICATION.

3. MITTEL: CONIVNCTION.

IGNIS.

AERIS.

AQVÆ.

TERRÆ.

TINCTVR.
COAGVLATION.
DISTILLATION.
PVTREFACTION.
SOLVTION.
SVBLIMATION.
CALTINATION.

H. Doctor.

Ihre Antwort habe seinerzeit bekommen, so wie selbst den
Falk, welche mich aber vor dieser Zeit nichts nützt
aber anlänglich in 8, 14 Tagen od' 3 wochen, nachdem
in alles gesetzt, wäre es zeit gewesen.

Bedenken sie folgendes: daß 6 Monath habe für
die ausschrifft brauche, Eine Reise selbst über einen
Monath, mit bereits ervor alles zu haben, und noch
Zahlen, sie mir in der Bruderschafft Casse daraus,
ohne mir den geringsten wieder willen zu zeigen, u
als ich wieder in einem Monath um das Geld zu
bitten an kam. Sie zingen sie an quierenderungen
zu machen

Gustav Hirschfeld

Über die Peiraieusstadt

Gustav Hirschfeld

Über die Peiraieusstadt

ISBN/EAN: 9783743391178

Hergestellt in Europa, USA, Kanada, Australien, Japan

Cover: Foto ©ninafisch / pixelio.de

Manufactured and distributed by brebook publishing software (www.brebook.com)

Gustav Hirschfeld

Über die Peiraieusstadt

(Abdruck aus den Berichten der phil.-histor. Classe der Königl. Sächs. Gesellschaft der Wissenschaften 1878.)

(Vom 13. März.)

Herr *Overbeck* überreichte einen topographischen Versuch des Herrn Prof. *Gustav Hirschfeld* in Königsberg über

die Peiraieusstadt.

Die vorliegende Abhandlung ist im Wesentlichen schon im Jahre 1873 vollendet worden; seitdem ist — abgesehen von geringerem, besonders inschriftlichem Zuwachs an Material vor allem das Werk: die Stadt Athen im Alterthum von C. Wachsmuth erschienen, welcher von S. 306—328 auch eine topographische Skizze der Hafenstadt gegeben hat. Der Schwerpunkt derselben liegt jedoch — in Uebereinstimmung mit Wachsmuth's gesammter Auffassung — in der Sammlung und Sichtung der schriftlichen Zeugnisse; ich selber gestehe für topographische Untersuchungen den Hauptnachdruck auf genaue Beobachtung des Terrains und der monumentalen Zeugnisse zu legen, und in diesem Sinne habe ich bereits im Jahre 1871 mit sehr einfachen Hilfsmitteln eine Aufnahme der Monumente des Peiraieus versucht (s. den beigefügten Plan Taf. I.), welche früheren Aufnahmen gegenüber in mehreren Hauptpunkten (Umfassungsmauer und Reste im Peiraieus selber) auf Selbstständigkeit Anspruch macht. Unter jenen früheren kommen übrigens nur der Leake'sche Plan (Topographie von Athen übers. von Baiter und Sauppe Taf. IV) sowie die englische Seekarte (No. 1520) ernstlich in Frage. Das betreffende Blatt in Curtius' »sieben Karten« hat sich der letzteren ziemlich genau angeschlossen. Die lange entbehrte, in jeder Beziehung sichere Grundlage wird zwar erst die im letzten Winter beendete Aufnahme des Peiraieus durch den Premierlieutenant von Alten (zur neuen Ausgabe von Curtius' sieben Karten) geben; doch habe ich nicht geglaubt, deshalb mit einer Arbeit zurückhalten zu müssen, welche ihren ganz eigenen Weg geht, nämlich im Anschlusse an die gebliebenen Ueberreste und an die schriftlichen Zeugnisse die innere Einrichtung der Peiraieusstadt in ihrem Zusammenhange zu reconstruiren. Und hierfür schien einerseits meine eigene Aufnahme, so unvollkommen sie übrigens sein mag, zu genügen, während andererseits der zu erwartende neue Plan wohl Manches hinzufügen und klarstellen, aber diese Arbeit keineswegs überflüssig machen dürfte.

Wenn die erläuternden Anmerkungen umfangreicher geworden sind, als der Text selber, so kann nur als Entschuldigung dienen, dass ich die einfachen Hauptpunkte desselben nicht durch hineingestreutes Detail verhüllen oder undeutlich machen wollte. Aus ähnlichem Grunde ist auf eine weitläufige Polemik gegen abweichende Ansichten, die nur allzu zahlreich sind, durchgehends verzichtet worden.

So oft wir versuchen, eine antike griechische Stadt aus ihren Trümmern wieder vor uns aufzubauen, statten wir sie unwillkürlich immer nur mit einer Reihe öffentlicher Bauten aus, die wir mit ziemlich abstracter Regelmässigkeit vertheilt und mit einander in Verbindung gebracht denken. Und dies ist bei der Natur unserer ganzen schriftlichen und monumentalen Ueberlieferung aus dem Alterthum auch wohl begreiflich. Auf der anderen Seite haben aber gerade des Alterthums kundige Architekten den antiken griechischen Stadtanlagen eine mehr malerische Tendenz zugesprochen, eine regelmässige und geometrische dagegen durchaus in Abrede gestellt [1]). Und in der That für die ältesten griechischen Stadtanlagen trifft unser Ideal von Regelmässigkeit nicht zu: ein Gewirr von Gassen, schwer zu enträthseln für den Fremden und eine grosse Verlegenheit für den eindringenden Eroberer, so waren nach des Aristoteles Ausdrücken die in altem Stile, κατὰ τὸν ἀρχαῖον τρόπον erbaueten Städte [2]). Ein sehr auffallendes Beispiel dieser Art war die Stadt Athen selber, wo der Fremde beim ersten Anblick gar nicht seinen Augen traute: so schlecht und winklig waren die Strassen angelegt, und zwar auch διὰ τὴν ἀρχαιότητα, d. h. weil die Anlage noch aus alter Zeit stammte [3]).

Indessen gab es eine jüngere Bauweise, welche unserem Ideal dennoch in einem sehr hohen Grade entsprochen zu haben scheint. Es blieb wohl dem Perikleischen Zeitalter auch hier vorbehalten, neue Bahnen zu betreten: und wie es den Sophisten in jener Epoche eigen war, Alles was bis dahin gleichsam instinctiv wie ein Natürliches geübt wurde, auf lehrbare Regeln zurück zu führen, so ist auch der Urheber der neuen Bauweise ein Mann sophistischer Richtung — wie aus einem Auszuge seiner Lehren bei Aristoteles deutlich erhellt (polit. II 5) — Hippodamos, Euryphons Sohn aus Milet [4]), nach welchem der neue Stil, ὁ νεώτερος τρόπος, überhaupt der Hippodamische hiess (s. Anm. 2). Das erste Werk dieses philosophischen Architekten und somit die erste nach Regeln der Kunst angelegte Stadt in Griechenland war aber die Hafenstadt Athens Peiraieus, das offenbare Muster bei allen folgenden Städtegründungen wie in Griechenland, so an der Küste Asiens, Afrikas und Italiens, überall wo von nun an besonders in der Diadochenzeit die Griechen noch Städte gründend oder bauend auftreten [5]).

Das Charakteristische dieses neuen Systems war aber gerade eine grosse Regelmässigkeit der Eintheilung: διαιρεῖν und κατατέμνειν heisst es von der Thätigkeit des Hippodamos; das Charakteristische war, dass gewissen Hauptpunkten alle Nebenanlagen sich unterordneten, dass vom Markte als dem Centrum die Strassen nach allen Richtungen hin ausstrahlten, ganz wie es Aristophanes in den Vögeln bei der von Meton anzulegenden Stadt beschreibt, wo ihm zu seiner Zeit nur das Beispiel des Peiraieus vorgeschwebt haben kann [6]).

Wer erwägt, welche wichtige Rolle in der philosophischen Lehre des Hippodamos die Dreizahl spielte, wie eine strenge Dreitheilung aller Dinge und Erscheinungen, der Beschäftigungen, der Aemter und auch des Landes (in χώρα ἱερά, δημοσία und ἰδία) ihm eigenthümlich war, der wird nicht überrascht sein, wenn ein Nachklang dieser Lehre sogar auch in der Stadtanlage des Hippodamos deutlich wahrgenommen wird.

Es ist ein glücklicher Zufall, dass gerade von dieser ersten aus einem Gusse hergestellten [7]) und wegen ihrer Schönheit gefeierten [8]) Anlage soviel erhalten und dann über dieselbe von Schriftstellern überliefert ist, um sie in ihren Hauptzügen auch heute noch wieder zu erkennen.

Auf dem vorliegenden Plane, welcher ursprünglich im doppelten Maassstab der englischen Küstenzeichnung und nach derselben entworfen wurde, ist einmal versucht worden, die ganze alte Stadt, nicht bloss die öffentlichen Anlagen auf Grund der vorhandenen Elemente wieder aufzubauen. Und ohne alle hier in Rechnung kommenden Factoren ausdrücklich zu nennen, will ich mich nur darauf beschränken, den vorliegenden Versuch mit einigen erläuternden Bemerkungen einzuführen.

Die attische Ebene, an drei Seiten durch Gebirge abgeschlossen, ist nur im Westen, dem Meere zu offen und ohne Weiteres zugänglich. Hier ward in früher Zeit eine felsige zweigipflige Insel, die Peiraiische d. i. die Jenseitige [9]) durch Alluvium mit dem Festlande verbunden und indem ihre äussere niedrigere Erhebung, die Ἀκτή [10]) sich breit und blattartig im Meere hinlagert, bildet und schützt sie zugleich ein grösseres (Peiraieus in engerem Sinne) und ein kleineres Seebecken (Zea), zu welchem als drittes eine nicht geräumige, aber sehr sichere halbrunde Bucht an der Aussenseite der anderen Erhebung, der Μουνυχία, hinzukommt. Dies sind die drei natürlichen Häfen, die λιμένες τρεῖς αὐτοφυεῖς nach des Thukydides Ausdruck (I 93), welche die Athener nach der Perserkriegen auf des Themistokles Rath statt der offenen Rhede von Phaleron, ihres früheren Hafens, zu benützen anfingen. Der Peiraieus, welcher schon eine Vergangenheit hatte, die bis zu den Phoinikern zurückreicht und später noch in einzelnen Sagen, Gottheiten und Festen sich widerspiegelte [11]), trat doch erst damals in die griechische Geschichte ein. Noch Themistokles liess den ganzen Hafencomplex, der bald nur Peiraieus, bald — aber seltener — nur Munychia genannt wird [12]), — mit einer Mauer umgeben, deren Gesammtlänge 60 Stadien — anderthalb deutsche Meilen — betrug und deren Spuren fast noch überall in einer Breite von 3,00—3,50 M. zu verfolgen sind [13]); dieser Mauerring wird dann durch zwei eine Meile lange Mauerschenkel, τὰ μακρὰ τείχη, mit den Umfassungsmauern Athens verbunden, dessen Geschicke auch von nun an so eng mit denen der Hafenstadt verknüpft sind, dass ein späterer Schriftsteller die Stadt selber als einen Anhang des Peiraieus bezeichnen konnte [14]). Wie der Abschluss der Befestigungen nämlich der südliche Mauerschenkel [15]), so ist sicherlich auch die innere Gestaltung des Peiraieus ein Werk Perikleischer Zeit.

Die Stadt nach wechselvollen Schicksalen in makedonischer Zeit [16]) immer wieder emporblühend erscheint erst nach der Zerstörung durch Sulla im Jahre 86 völlig gesunken, ein unbedeutender Flecken, über den Strabon und Pausanias mit wenigen Worten hinweggehen [17]). Auch ist der Peiraieus erst mit seinem erneueten Aufschwung in moderner Zeit und den daran sich anschliessenden Funden dem antiquarischen Interesse nahe gerückt worden: die Seeurkunden zeigten die Stelle und den Reichthum des athenischen Arsenals [18]), die Kriegshäfen Munychia, Zea und Kantharos gelang es sicher zu bestimmen [19]); auf dem Rücken zwischen Zea und Kantharos sind bedeutende Reste sichtbar geworden [20]), zahlreiche Fundamente und einzelne Denkmäler fördert die rege Bauthätigkeit des aufblühenden Ortes fast ununterbrochen an das Licht. Und so scheint es an der Zeit zu sein, sich mit der inneren Anordnung der Hafenstadt näher zu beschäftigen, welche nach dem im Anfang Bemerkten ein besonderes Interesse beanspruchen darf.

Ich gehe für dieselbe von der Nordwestbucht des eigentlichen Peiraieushafens und von der Landzunge Eetioneia [21]) aus, wo auch der äussere Abschluss der Befestigungen bis jetzt gerade am unsichersten war, und wo die englische Aufnahme in den Monumenten am wenigsten genau ist (s. Taf. VI.).

Hier in einer von Natur abgeschlossenen Thalsohle, welche etwa 90 Schritt breit und 360 Schritt lang ist, fand sich vor wenigen Jahren eine Reihe von Altären und Basen z. Th. mit Widmungen an [Zeus] Soter, Hermes, einen phoinikischen Gott Sochen [22]), also ein allgemeiner, gleichsam confessionsloser Cultort, wie er in einer verkehrsreichen Hafenstadt nicht wohl fehlen konnte [23]). Aber ein solcher dürfte kaum a u s s e r h a l b des Mauerringes sich befunden haben. Dies war jedoch der Fall, so lange man die ö s t l i c h von ihm liegende Mauer für die Abschlussmauer des Peiraieus an dieser Seite hielt; die w e s t l i c h e Mauer galt für eine Quermauer ohne Bedeutung, da sie am Meere zu enden und mit der Mauer der Eetioneia ohne Zusammenhang zu sein schien [24]). Nun aber ist dieser Zusammenhang in völlig sicheren Mauerresten ermittelt worden, welche die kleine Bucht ausserhalb der Eetioneia umziehen und damit ist die westliche Mauer (A-N) als die abschliessende an dieser Seite erwiesen. Uebrigens bemerke ich, dass ja auch nur unter dieser Voraussetzung der Umkreis des Peiraieus den 60 Stadien des Thukydides entspricht, (vgl. Anm. 13).

Und die östliche, nun i n n e r h a l b der Befestigung befindliche Mauer (B)? Sie als Abschlussmauer aufzufassen, hätte schon der Umstand verhindern müssen, dass die unerlässlichen Thürme an ihrer Aussenseite durchgehends fehlen; aber sie zeigt auch ausserdem Eigenthümlichkeiten, welche sie von allen übrigen Befestigungsmauern des Peiraieus wesentlich unterscheiden.

Einsetzend bei einem gewaltigen Rundthurm am Kophos linien zieht sich die Mauer in wechselnder Breite (3,00—4,20 M.) in westlicher Richtung einen Hügelrücken hinauf und endet nach etwa 230 Metern bei einem kleineren Rundthurm; die Steine zu dieser Mauer sind gleich nördlich vor ihr gebrochen worden und dadurch ist ein regelmässiger breiter und tiefer Graben hergestellt (G). Auf der verhältnissmässig kurzen Strecke finden sich nicht weniger als drei Pforten, und der Rundthurm flankirt mit einem entsprechenden ihm gegenüber liegenden Thurme einen vierten Eingang. Von diesem zweiten Thurm aus folgt die Mauer in südlicher Richtung einem immer abschüssiger werdenden Felsengrate etwa 300 Meter weit, wendet dann in rechtem Winkel um und setzt mit einem breiten, etwa 30 M. langen Mauerstrange sich einem Thurme der Umfassungsmauer im innersten Winkel der kleinen Bucht an. Endlich aber zeigt diese Anlage, welche augenscheinlich dem ursprünglichen System als ein Fremdes eingefügt wurde, in ihren zum Theil erhaltenen Rundthürmen in der Fügung der Quader eine Bauweise, welche von allen übrigen Mauerresten des Peiraieus durchaus verschieden ist (siehe Taf. V).

Ich stehe nicht an, in dieser Mauer (B) »die neue innere Mauer« τὸ ἐντὸς τὸ καινὸν τεῖχος auf der Landzunge Eetioneia zu erkennen, welche nach des Thukydides Zeugniss die Vierhundert im Jahre 411 mit grössester Energie bauen liessen, um auf der Landzunge mit Wenigen eingeschlossen Einfahrt und Ausfahrt zu beherrschen [25]. Der ausführlichen Beschreibung des Thukydides entspricht diese Mauer in allen Einzelheiten (s. die Anm.). Die Vierhundert begnügen sich aber nicht mit dieser Befestigung, — und hier beginnt die topographische Wichtigkeit und Wirksamkeit der wieder erkannten Mauer —, sondern sie mauern ein Stück der unmittelbar daran stossenden »langen Halle« ab und häufen dort ausschliesslich alles vorhandene und gerade einfahrende Getreide auf [26]. Und die Fundamente eines solchen ausgedehnten Baues habe ich um jene nördlichste Bucht des Peiraieus herum, die man sich bald ausserhalb, bald innerhalb der ursprünglichen Befestigung dachte und sehr verschieden benannte, in einer Länge von mehreren hundert Schritten gefunden. Die μακρὰ στοά, die lange Halle ist sicherlich identisch mit der von Perikles erbaueten Getreidehalle, der ἀλφιτοπώλις [27]; so war gewiss diese stille Hafenbucht, ein wahrer κωφὸς λιμήν [28] ausschliesslich zur Getreideeinfuhr bestimmt — was die Handlungsweise der Vierhundert noch weit verständlicher macht; und wer die besonderen Gesetze über Getreideeinfuhr in Attika [29] erwägt, dem wird die Anlage eines besonderen Hafenbeckens dafür nur noch passender und einleuchtender erscheinen. Dass die Halle einzig zur Ablagerung des Getreides bestimmt war, scheint mir klar aus dem Scholion zu Aristophanes (vgl. Anm. 27) hervorzugehen.

So bleibt für den allgemeinen Handelshafen, den Peiraieus im engeren Sinne die mittlere, zwichen dem κωφὸς λιμήν und dem Kantharos gelegene Bucht übrig, deren nördlicher und südlicher Grenzpunkt durch den Fund der zwei Steine πορθμείων ὅρμου ὅρος (s. Anm. 7 Plan OP) bezeichnet wird. Die Marktschiffe — denn so ist doch wohl πορθμεία zu verstehen — welche ungehindert ab- und zufahren mussten, waren damit sehr passend an den beiden äussersten Enden des Handelshafens stationirt. Der Fortgang der Untersuchung wird diese ganze Anordnung bestätigen.

Nachdem in der μακρὰ στοά ein fester Ausgangs- und Anhaltspunkt gewonnen, ordnen sich die übrigen Hauptzüge mit Leichtigkeit.

Wir werden zunächst folgern dürfen, dass die übrigen vier Hallen im Peiraieus — denn fünf nennt ein sehr zuverlässiges Scholion zu Aristophanes Fried. 144 (vgl. Anm. 37) offenbar als in einer ununterbrochenen Folge neben einander befindlich —, dass diese übrigen vier Hallen, sage ich, sich der »langen Halle« anschlossen und so die eigentliche Peiraiousbucht umkränzten, und diese Folgerung werden wir ebenfalls bestätigt finden. Dann diente die »lange Halle« den »am Meere« wohnenden als Marktplatz, wie Pausanias (I 1, 3) bemerkt, der zugleich hinzufügt, dass für die Entfernteren ein anderer Marktplatz, ohne Zweifel »der Hippodamische«, denn er war der einzige »Markt« [30], vorhanden sei. Diese Angabe, auffällig und mit dem Terrain unvereinbar, so lange man sich die μακρὰ στοά am östlichen Ufer des Peiraieus dachte, gewinnt nun Bedeutung: in der That ist der Hippodamische Markt in den Sattel des Isthmus unterhalb der Munychia, den einzigen geeigneten Platz, gelegt, weit genug von der μακρὰ στοά entfernt und befindet sich zugleich in einem wirklichen τόπος εὐσυνάγωγος, wie Aristoteles (polit. VII 2) ihn für einen Marktplatz verlangt [31]. Seine Form giebt der Vergleich erhaltener Märkte [32]: seine Richtung wie die der von ihm ausgehenden Wege bestimmt sich — wenn man bedenkt, dass man es hier mit einer systematischen geradlinigen Anlage zu thun hat — nach mannigfachen Fundamenten im südwestlichen Theil des Isthmus und besonders nach erhaltenen Strassenrichtungen auf der Akte (s. Plan, wo dieselben nach der englischen Seekarte gegeben sind) deren Verlängerung übrigens — eine Gewähr für die systematische Regelmässigkeit der Anlage — mit der Skenenlinie des in seinen Umrissen erkennbaren Theaters parallel zu gehen scheint. Die Lage des Marktes an dieser Stelle ist aus mehreren inneren und äusseren Gründen — im Zusammenhange gedacht — durchaus wahrscheinlich. Hier ist der Mittelpunkt der ganzen Anlage; dann wird Nähe des Theaters nach Analogie anderer griechischer Städte, deren Trümmer Zeugniss geben, gewünscht[33]: denn gleich vom Markte strömt die Menge zu Volksversammlungen in das Theater, und solche fanden auch regelmässig im Theater an der Munychia statt[34]. Endlich aber gewinnt erst so eine Geschichtsepisode Deutlichkeit und Farbe, bei welcher der Hippodamische Markt erwähnt wird[35]. Nachdem Thrasybulos von Phyle in den Peiraieus gekommen ist und bei seiner geringen Mannschaft gezwungen ist, sich auf Munychia (d. h. den ganzen Hügel, nicht blos die Kuppe, welche damals noch kein Castell trug s. Anm. 13) zu beschränken, kommen die dreissig Tyrannen mit ihrem Heere auf dem Fahrwege von Athen her in den Peiraieus und ordnen sich auf dem Hippodamischen Markt. Dann wählen sie von den Strassen, welche von hier auf den Munychiahügel führen — denn nur so können Xenophons Worte verstanden werden, — weder die über das Theater führende, noch die nördlichere: denn sie sind sehr steil, und die Terrainvortheile für den höher stehenden Thrasybul, durch die er nachher ohnehin siegt, würden noch grösser gewesen sein; — sondern die Dreissig wählen den am wenigsten steilen südlichen Weg, welcher gerade auf den Tempel der Munychischen Artemis und das Bendideion zu leitete, welche beide auf dem südlichen Abfalle des Hügels gedacht werden müssen[36]. Die Erzählung Xenophons zeigt zugleich, dass die Hauptstrassen — $\alpha i\ \delta\delta o i\ \alpha i\ \pi\lambda\alpha\tau\epsilon\tilde{\iota}\alpha\iota$ — wenigstens 100 Fuss breit waren (s. Anm. 13 u. 35).

Vom Markte führen weiter Strassen den Isthmus hinunter zur Akte; die äusseren Anhaltspunkte für ihre Richtung wurden schon genannt. Die Wahrscheinlichkeit der auf dem Plane gezeichneten, sowie der ganzen Anlage findet aber eine vollkommen sichere Stütze in einem schon oben erwähnten Grenzstein, welcher noch heute an seiner ursprünglichen Stelle steht, und dessen Inschrift nach ihren Buchstaben sehr wohl aus der Zeit des Hippodamos stammen kann; sie lautet C. I. Att. 1 519

```
-MI'OPi
KAIHOΔO
HOROS
```

d. i. ἐμπορίου] καὶ ὁδοῦ ὅρος Grenze des Handelshafens und der Strasse (s. Plan).

Hier also war vom Meere aus gerechnet die Grenze für das Emporion, den Frei- und Handelshafen mit seinen Landeplätzen und Magazinen, von hier an müssen sich am Meere die fünf Hallen hingezogen haben, welche das Scholion zum Aristophanes [37] erwähnt, als deren äusserste auf der anderen Seite wir schon die μακρὰ στοὰ kennen gelernt haben, und welche wohl sämmtlich wie jene »lange Halle« je zum Löschen ganz bestimmter Waaren dienten. So giebt auch hier die innerste und mittlere Bucht des Peiraieus — noch ausserdem durch die zwei Horossteine (s. S. 7 u. Anm. 7) beiderseits bestimmt begrenzt —, als den Handelshafen sich zu erkennen. Die Hallen waren von der Mauthlinie umzogen, — und eben auch ihren Beginn und ihre Richtung bestimmt der Grenzstein —, welche alle definitiv eingeführten Waaren zu überschreiten hatten. In den Strassen unmittelbar hinter der Mauthlinie sind wohl die Herbergen für Schiffer und fremde Kaufleute zu suchen, welche Xenophon erwähnt, und deren Vermehrung er anräth [38]). Die Zollhäuser muss man sich aber innen, innerhalb der Mauthlinie denken und vielleicht auch das Deigma, die Fonds- und Waarenbörse, welche inmitten der grossen Entrepôthallen sehr passend gelegen hätte [39]).

Wo der Grenzstein den geräuschvollen Handelshafen im Süden abschliesst, da ist durch frühere und neuere Funde die Richtung einer breiten Querstrasse erkennbar geworden, welche mit öffentlichen, besonders heiligen Bauten geschmückt die Kriegshäfen Kantharos und Zea an der schmalsten Stelle verband. Unten am Meere über dem Kantharos stand das neue grosse Arsenal, welches der Architekt Philon um die 112. Olympiade erbauete [40]), bestimmt die Ausrüstung von etwa 400 Kriegsschiffen zu bergen. Oben aber auf der Kuppe, von wo aus man die beiden Kriegshäfen Zea und Kantharos gleichmässig überschauet, stand ein dorischer Tempel aus pentelischem Stein, der Tempel der Aphrodite Euploia, welchen Konon nach seinem Seesiege bei Knidos erbauete [41]): in ihrer Nähe hatte auch die syrische Aphrodite ihre Cultstätte [42]). Gegen Zea hin aber zeigen ausgedehnte Trümmer und Inschriftenfunde die Stätte des Peiraiensischen Metroon [43]), unmittelbar neben demselben liegen die Fundamente der grossen Kirche (s. oben Anm. 35) und nahe dem Aphroditetempel ist jenes merkwürdige Bruchstück eines Bibliothekinventares gefunden worden, das sicherlich auch einem öffentlichen Gebäude dieser Gegend entstammt [44]).

Nun erst versteht man die Beschreibung des Peiraieus in jenem Scholion zum Aristophanes (Anm. 36): erst komme der Kantharos, dann das Aphrodision — so also hiess die ganze breite Prachtstrasse nach ihrem Hauptgebäude —, dann um den [Handels-] Hafen herum die fünf Hallen. Und wer erkennt hier nicht den Nachklang der theoretischen Lehre des Hippodamos, welcher das $\delta\eta\mu\acute{o}\sigma\iota o\nu$, $\iota\varepsilon\varrho\grave{o}\nu$ und $\emph{ἴδιον}$ so streng von einander sonderte? — Gross war die Zahl der Heiligthümer, welche sich in diesem antiken Welthafen [45]) häuften; zahlreiche Namen sind überliefert [46]), doch gelingt es nicht bei vielen, ihre Stätten mit Wahrscheinlichkeit zu bezeichnen. Nur ist vielleicht hier — und auch sonst — als ein durchschlagender Gesichtspunkt zu benützen, dass allem Anscheine nach Heiligthümer verwandter Gottheiten auch örtlich einander nahe gerückt waren [47]).

Der bedeutendste Tempel im Peiraieus war unstreitig derjenige des Zeus Soter und der Athena Soteira, welchen ich in den Norden der Stadt, dem Hauptthore gegenüber setze, weil er in späterer Zeit der Mittelpunkt der kleinen Ansiedelung blieb, auf welche die Peiraieusstadt reducirt war [48]). Nun kehren aber auch auf diesem Gebiete gewisse Erscheinungen unter gleichen Bedingungen stets wieder: und wie in neuerer Zeit die Peiraieusstadt wiederum etwa an jener Stelle begonnen hat, so ist wahrscheinlich, dass auch im Alterthum die letzten Wohnungen an diesem Punkte sich befanden, weil er der Stadt Athen am nächsten ist.

Auf die Tempel führten die Strassen in schräger Richtung, so dass man von ihnen aus eine Front und eine Seite der heiligen Bauten zugleich erblickte: ein malerischer Eindruck, an welchem die Griechen — nach Leake's treffender Beobachtung S. 378 — einen besonderen Gefallen gehabt zu haben scheinen.

Nun begreift man auch, weshalb der Peiraieus zu dem Rufe besonderer Schönheit kam; musste sie doch sogleich den Einfahrenden überraschen, der über dem Arsenale und den Hallen hart am Meere, die säulenreichen Tempel sich erheben sah, dann die regelmässigen breiten Strassen den Burghügel hinansteigen und auf ihm das Castell von Munychia, »die Bekrönung der Artemis« [19].

Endlich waren in der Anlage des Hippodamos auch die Leuchtfeuer nicht vergessen, welche bei Nacht den Eingang in den Hafen bezeichneten: denn auf Leuchtsäulen wird man die Trommeln je einer grossen Säule beziehen müssen, welche ausserhalb des Hafens am nördlichen und südlichen Ufer und unmittelbar am Meeresrande sich befinden (s. Plan); die südliche derselben auf der Akte ist wenigstens zehn Meter hoch gewesen. In der Nähe beider Säulen sind zahlreiche Gräber, in welchen man verunglückte Schiffer beigesetzt haben mag [50].

So bauet sich denn der Peiraieus aus den vorhandenen Elementen allmälich wieder auf, dem Ideal nicht unähnlich, das wir von einer griechischen Stadt uns zu bilden gewohnt sind. Doch darf gerade dieser Umstand nicht gegen eine Reconstruction einnehmen, welche die Gewähr ihrer Wahrscheinlichkeit darin sucht, dass unter ihrer Annahme alle Einzelheiten eine befriedigende Lösung oder Stelle erhalten. Auch wird der Peiraieus als die erste kunstmässige Stadtanlage noch besonders regelmässig gewesen sein. Doch ist für das so viel spätere Alexandreia noch ein gleiches Schema zu erkennen [51]; und auch für Smyrna, das ein späterer Schriftsteller einem natürlichen Organismus vergleicht, wo alle Theile sich dem Ganzen fügen [52]. Ueberhaupt sind es immer gerade antike Seestädte, deren Schönheit und Regelmässigkeit gepriesen werden: und wie die Natur an diesen Küsten in Hafenbildungen ihr Höchstes erreicht hat, so scheint es als habe, ihr nacheifernd, auch die Kunst gerade in der Anlage und der Ausschmückung der Hafenstädte sich immer am lebhaftesten und gleichsam am willigsten bethätigt [53].

Anmerkungen.

1) (Zu S. 2.) Leo von Klenze, aphoristische Bemerkungen auf einer Reise nach Griechenland, S. 410.
2) (Zu S. 2.) Aristoteles, polit. VII. 10, 4: ἡ δὲ τῶν ἰδίων οἰκήσεων διάθεσις ἡδίων μὲν νομίζεται καὶ χρησιμωτέρα πρὸς τὰς ἄλλας πράξεις ἂν εὔτομος ᾖ καὶ κατὰ τὸν νεώτερον καὶ τὸν Ἱπποδάμειον τρόπον, πρὸς δὲ τὰς πολεμικὰς ἀσφαλείας τοὐναντίον ὡς εἶχον κατὰ τὸν ἀρχαῖον τρόπον· δυσέξοδος γὰρ ἐκείνη τοῖς ξενικοῖς καὶ δυσεξερεύνητος τοῖς ἐπιτιθεμένοις.
3) (Zu S. 2.) Dikaiarchos im βίος Ἑλλάδος· ἡ δὲ πόλις ξηρὰ πᾶσα οὐκ εὔυδρος, κακῶς ἐρρυμοτομημένη διὰ τὴν ἀρχαιότητα. Αἱ μὲν πολλαὶ τῶν οἰκιῶν εὐτελεῖς, ὀλίγαι δὲ χρήσιμαι. Ἀπιστηθείη δ' ἂν ἐξαίφνης ὑπὸ τῶν ξένων θεωρουμένη, εἰ αὕτη ἐστὶν ἡ προσαγορευομένη τῶν Ἀθηναίων πόλις· μετ' οὐ πολὺ δὲ πιστεύσειεν ἄν τις.
4) (Zu S. 3.) C. Fr. Hermann, disputatio de Hippodamo Milesio ad Aristotelis polit. II, 5. Marburg 1841. 4. p. 18 sqq.; vgl. jetzt C. Wachsmuth, Die Stadt Athen, I, S. 560.
5) (Zu S. 3.) Man muss sich übrigens dabei vor dem Irrthum hüten, als ob es sich da überall um ganz neue Anlagen handele; dann hätte besonders Kleinasien, das mit Diadochenstädten völlig bedeckt war, vorher recht städtearm gewesen sein müssen, während wir doch wissen, dass es von Alters her reich bevölkert war. Die Gründungen der Diadochenzeit haben vorwiegend in kunstmässiger Ausbildung alter vorhandener Städte bestanden und auch wohl darin, dass alten Städten neue Stadttheile hinzugefügt wurden (wie Apamea Kibotos), welche allmälich die älteren an Bedeutung überholten und so die eigentlichen Centren wurden.

Dies Verfahren ging von einer sehr richtigen Erkenntniss aus: die Fähigkeit passende Stellen für Städteanlagen auszuwählen scheint dem Kindheitsalter der Griechen — und der Menschen überhaupt — in einem ungleich höheren Grade eigen zu sein, als allen späteren Entwickelungsstadien.

6) (Zu S. 3.) Aristophanes, Vögel, V. 1004 ff.:
ὀρθῷ μετρήσω κανόνι προστιθείς, ἵνα
ὁ κύκλος γένηταί σοι τετράγωνος, κἀν μέσῳ
ἀγορά, φέρουσαι δ' ὦσιν εἰς αὐτὴν ὁδοὶ
ὀρθαὶ πρὸς αὐτὸ τὸ μέσον, ὥσπερ δ' ἀστέρος
αὐτοῦ κυκλοτεροῦς ὄντος, ὀρθαὶ πανταχῇ
ἀκτῖνες ἀπολάμπωσιν.

Ueber Hippodamos' Thätigkeit Aristot. polit. II, 8. Bekk Anekd. p. 266.

7) (Zu S. 3.) Abgesehen von den schriftlichen Zeugnissen hierfür (s. Anm. 4 und 6) sprechen besonders beredt die drei im Peiraieus gefundenen Grenzsteine C I. Att. I 519—521 (πορθμείων ὅρμου ὅρος und ὅρος ἐμπορίου καὶ ὁδοῦ s. auch unten Text S. 7 u. 9), welche in Habitus und

Schrift vollkommen uniform sind und aus derselben Zeit (vor Ol. 84, 4) stammen. Etwas später scheinen die beiden Steine zu sein, in deren einem die τριττὺς Περαιῶν sicher vorkommt (C. l. Att. I n. 547); ich glaubte dieselben seiner Zeit (Hermes VII 486) als Grenzsteine auffassen zu dürfen, welche die Bezirke von Trittyen bezeichneten, doch wäre dann die Fassung (Ἐλευσινίων τριττὺς τελευτᾷ, Περαιῶν δὲ τριττὺς ἄρχεται) eine ganz ungewöhnliche, und ich schliesse mich daher der in C. I. Att. a. a. O. geäusserten Ansicht an, dass die betr. Steine aus den Schiffshäusern stammen und den Standort der Schiffe der einzelnen Trittyen gegen einander abgrenzten, vgl. Demosthen. περὶ συμμορ. 184.

8) (Zu S. 3.) Arrians Epiktet III. 24: ἵν' ἴδῃ ποτὲ τὸν Πειραιᾶ τὸν καλόν, dies klingt an der betr. Stelle wie ein altes bekanntes Lob.

9) (Zu S. 4.) E. Curtius, de portubus Athenarum, diss., Hal. 1844. S. 7.

10) (Zu S. 4.) Diese Benennung giebt dem betr. Theil E. Curtius im erläuternden Text zu den sieben Karten S. 64 nach Harpokration ἀκτή· ἐπιθαλαττίδιός τις μοῖρα τῆς Ἀττικῆς; sie wird bestätigt durch eine Angabe des Diodor XX 45, 3 (bei Gelegenheit der Belagerung des Peiraieus durch Antigonos): τῶν δ' Ἀντιγόνου στρατιωτῶν· τινες βιασάμενοι καὶ κατὰ τὴν ἀκτὴν (l. Ἀκτήν) ὑπερβάντες ἐντὸς τοῦ τείχους παρεδίξαντο πλείους τῶν συναγωνιζομένων. Es kann da nach dem Zusammenhange kein anderer Theil gemeint sein. Neuerdings ist der Name auch in einer im Peiraieus gefundenen Inschrift erschienen (Ἐφημ. ἀρχαιολ. Ἀθήναι 1872 No. 421, vgl. auch unten Anm. 40), Z. 14 τεμεῖν καὶ κομίσαι ἐξ Ἀκτῆς die Steine zu einem Bau. S. jetzt auch C. Wachsmuth, die Stadt Athen, S. 317.

11) (Zu S. 4.) S. E. Curtius de portubus Athenarum S. 19 ff. und B. Graser im Philologus 1872, S. 6 ff. S. jetzt Wachsmuth, S. 439. 445.

12) (Zu S. 4.) S. darüber Ulrichs, Reisen und Forschungen in Griechenland II, S. 169 und 176.

13) (Zu S. 4.) Die Hauptstelle über den ersten Mauerbau des Peiraieus steht bei Thukydides I, 93: καὶ ᾠκοδόμησαν τῇ ἐκείνου γνώμῃ (des Themistokles) τὸ πάχος τοῦ τείχους ὅπερ νῦν ἔτι δῆλόν ἐστι περὶ τὸν Πειραιᾶ· δύο γὰρ ἅμαξαι ἐναντίαι ἀλλήλαις τοὺς λίθους ἐπῆγον. ἐντὸς δὲ οὔτε χάλιξ οὔτε πηλὸς ἦν, ἀλλὰ ξυνῳκοδομημένοι μεγάλοι λίθοι καὶ ἐν τομῇ ἐγγώνιοι, σιδήρῳ πρὸς ἀλλήλους τὰ ἔξωθεν καὶ μολύβδῳ δεδεμένοι· τὸ δὲ ὕψος ἥμισυ μάλιστα ἐτελέσθη οὗ διενοεῖτο und über den Umfang II 13, 7 καὶ τοῦ Πειραιῶς ξὺν Μουνυχίᾳ ἑξήκοντα σταδίων ὁ ἅπας περίβολος.

Dass die Befestigung des Peiraieus schon unter dem Archontat des Themistokles (Ol. 76, 4) begonnen worden sei, scheint mir aus dem Grunde sehr wahrscheinlich, als ja gerade darin zunächst die Wahl des Peiraieus als des Haupthafens ihren Ausdruck finden musste. Vgl. Thukyd. I, 93, 3 und Pausan. I, 1, 2. Wie weit die Zerstörung dieser Mauern am Ende des peloponnesischen Krieges sich erstreckt habe, ist nicht leicht auszumachen, die Alten verallgemeinern ja bekanntlich gerade derartige Ereignisse mit Vorliebe. Leake (Topogr. von Athen übers. v. Baiter und Sauppe S. 278, 3) glaubt aus Xenoph. Hellen. II, 2, 41 schliessen zu dürfen, dass die Zerstörung der Peiraiischen Mauern nur sehr partiell durchgeführt worden sei und giebt in Uebereinstimmung damit (S. 293) an, dass er in der

Nähe von Zea (das er noch Munychia nennt) Mauerstücke gesehen habe, welche der Beschreibung des Thukydides vollkommen entsprochen hätten. Aber gerade dergleichen erinnere ich mich nicht, irgendwo gesehen zu haben (vgl. unten). Auch zeigen die Nachrichten über die Wiederaufrichtung der Mauern durch Konon (Ol. 96, 4 bes. Xenoph. Hellen. IV 8, 9 und Diodor. XIV 85) vielmehr, dass diese Arbeit eine sehr bedeutende und umfassende gewesen ist (vgl Wachsmuth S. 579 f.).

Aber immer bedurften die ausgedehnten Werke erneueter Sorge: einen schadhaften Theil auszubessern, wurden 10 Talente benutzt, welche Konons gleichnamiger Enkel für seinen Vater Timotheos als Strafgeld zu erlegen hatte (Corn. Nep. Timoth. V) und gleich nach der Schlacht von Chaironeia hören wir von einer neuen umfassenden Ausbesserung der vernachlässigten (Demosth. Olynth. III, p. 36) Anlagen, bei welcher Demosthenes an der Spitze seiner Phyle als τειχοποιός fungirte, indem er zugleich auf eigene Kosten zwei Gräben um den Peiraieus ziehen liess, vita X orr. Demosth. vgl. für das Ganze Olfr. Müller de munimentis Athenarum comment. I, 14.

Nicht sehr viel später, d. h. in die Zeit der glänzenden Verwaltung des Lykurgos, welche auch sonst den Peiraieus vielfach betraf, scheint dann die bekannte grosse Inschrift zu fallen (C. I. Att. II 4, No. 167), welche sich auf eine sehr gründliche Ausbesserung der offenbar an vielen Stellen recht schadhaften Mauer (s. bes. Zeile 47) bezieht.

Es folgt die unruhige Zeit der Diadochen (s. jetzt Wachsmuth S. 608 ff.), in welcher die Machthaber sich stets vor Allem des Hafenstadt versichern, welche sie mit geringen Unterbrechungen bis zum Jahre 229 besetzt halten in richtiger Erkenntniss, dass sie damit zugleich Athen in ihren Händen hielten (s. Anm. 14, vgl Leake S. 288). In dieser Epoche erst scheint nicht blos Munychia (Wachsmuth S. 608, Anm. 4 nach Diodor XX, 45), sondern auch die Akte ein Castell erhalten zu haben, das den allgemeinen Namen des Hafens und der Stadt, Peiraieus führte; denn im anderen Falle wären die Stellen (z. B. Paus. I 25, 5; II 8, 6), nach welchen die Makedonischen Herrscher von Munychia und Peiraieus gesondert und nach einander Besitz ergreifen, unverständlich.

Noch einmal nach dem Abzuge der makedonischen Besatzung unter ihrem Führer Diogenes (vgl. U. Köhler, Hermes VII 1 ff.) machen sich die athenischen Patrioten Mikion und Eurykleides um die Ausbesserung der Peiraieusbefestigungen verdient, (C. I. Att. II 4 n. 379, 380), doch scheinen damals die μακρὰ τείχη definitiv aufgegeben worden zu sein (vgl. Wachsmuth S. 629). Der Mauerring des Peiraieus aber muss in vertheidigungsfähigem Zustande bis zu den Zeiten Sulla's erhalten worden sein, der bei der Belagerung gerade hier einen langen und hartnäckigen Widerstand fand (Appian. bell. Mithrid. cap. 29 ff.). Wie barbarisch er sich dafür rächte erzählt Appian cap. 41: ὁ δὲ Σύλλας τὸν Πειραιᾶ τοῦ ἄστεος μᾶλλον ἐνοχλήσαντά οἱ κατεπίμπρη φειδόμενος οὔτε τῆς ὁπλοθήκης οὔτε τῶν νεωσοίκων οὔτε τινὸς ἄλλου τῶν ἀοιδίμων.

Von jenem Zeitpunkt an (86 v. Chr.) haben dann die Mauern des Peiraieus zerstört gelegen: hie und da haben im Laufe der Zeit die Gewalt des Meeres und plündernde Bewohner, welche Quadern als willkommene fertige Bausteine mit sich schleppten, Lücken in den Zug gerissen, aber im Grossen

Ganzen ist — mit Ausnahme der Landseite — der Gang der Kononischen Mauer noch so vollständig zu verfolgen, wie der Plan es darstellt.

Es erscheint natürlich, dass gerade die schwächste Stelle im Norden zwischen den Punkten N und N_1, eine Strecke von etwa 7 Stadien verschwunden ist, da dieselbe nicht wie fast der ganze Rest auf Felsboden fundamentirt ist. Wie bei allen griechischen Mauern so ist auch hier das Terrain ausgezeichnet benutzt und jede brauchbare Zufälligkeit der Felsen mit in die Mauer gezogen worden. Von der Nordwestecke N folgt die durch viele Thürme verstärkte Mauer einem steinigen Grate bis hart an das Meer, umzieht dann die aussen an der Eetioneia gelegene Bucht und endet auf der Südspitze dieser Landzunge in einem runden Thurm, welchen ein starker Strang mit einem viereckigen Thurme verbindet; von hier aus durchsetzt die Mauer das Meer, lässt nur ein schmales Einfahrtsthor in den Peiraieus und erreicht die Akte, aber nicht wie man erwarten könnte, an der schmalsten Stelle am starken Rundthurm des Vorgebirges Alkimos (Plut. Themist. 32), sondern etwa $1^1/_4$ Stadion östlich von demselben. Höchst wahrscheinlich war diese Stelle mit dem Rundthurm in Verbindung, und so war hier nach dem Muster der griechischen Landbefestigungen ein Vorbau hergestellt, welcher die rechte Seite der Angreifer beherrschte.

Vom Rundthurme aus folgt die Mauer genau dem Küstenumriss der Akte und endet an der westlichen Seite Zeas wiederum in einem Rundthurm, mit dem ein viereckiger in Verbindung gesetzt ist. Dieser bildete wohl mit einem kleineren am östlichen Ufer gegenüber liegenden Thurme die Eingangspforte in den Hafen; und so wird auch hier die rechte Seite der Einfahrt von einem dreieckigen Vorbau beherrscht. Wiederum folgt die Mauerlinie dem hier sehr steilen Uferrande bis zu der etwas isolirten Höhe im Süden des Munychiahafens, wo früher starke Fundamente sichtbar waren. Hierher verlegt Ulrichs τὸ ὀχυρώτατόν τε καὶ θαλάσσῃ περίκλυστον, wohin Archelaos zuletzt vor Sulla floh (Ulrichs Reisen und Forschungen II, S. 175 nach Appian cap. 40, vgl. Wachsmuth S. 327 und 658); doch erregt die Kleinheit des vorauszusetzenden Castells Bedenken, da Archelaos nach Appian auch noch den Rest seines eigenen Heeres sowie desjenigen des Dromichaites bei sich hat. Vielleicht war der Zufluchtsort die dann wohl an der Landseite fest verschanzte Akte.

Von den Fundamenten zieht sich die Mauer hinab zum Meer, wird mit Benutzung von Felsenriffen zu einem mächtigen Molo und endet in einem viereckigen Thurme, der mit einem entsprechenden gegenüberliegenden den Eingang in den Munychiahafen vertheidigt. Dieser gegenüberliegende Thurm ist der Abschluss des anderen Molo, welcher aus gewaltigen Steinen errichtet noch etwa 30 Meter lang im Zusammenhange erhalten und stellenweise bis 9 Meter breit ist. Oestlich an diesem Molo befindet sich ein viereckiger Vorbau (Plan V), welcher etwa 9 Meter lang und nach Osten orientirt ist, Säulentrommeln, deren Durchmesser 0,64 beträgt, liegen nahe bei ihm, einer der Quadern trägt Fussspuren wie von einer Statue. Auch B. Graser (Philologus 1872, S. 39) hat diesen Vorbau bemerkt und hält ihn für Ausfüllung einer Riffsenkung; welchen Zweck aber konnte es haben, eine neben dem Molo befindliche Senkung auszufüllen und noch dazu nur theilweise wie es wirklich der Fall ist? ich vermuthe vielmehr, dass sich hier eine Cultstätte der Munychischen Artemis befand, gewissermaassen eine Filiale des höher gelegenen Tempels (s. Anm. 36) und von dieser Stätte scheint mir sowohl bei Lysias (geg. Agoratos § 24: ὁ δὲ Ἀγόρατος καὶ οἱ ἐγγυηταὶ καθίζουσιν ἐπὶ τὸν βωμὸν Μουνυχίασιν ... καὶ παροξύναντές τινες δύο πλοῖα Μουνυχίασιν ἔδοντο αὐτοῦ παντὶ τρόπῳ ἀπελθεῖν, also offenbar am Meer), als auch in den älteren Ephebenurkunden (c. Anfang des II. Jahrhunderts) die Rede zu sein z. B. C. I. Att. II 1. n. 466, 19 περιπλεύσαντες δὲ καὶ εἰς Μουνυχίαν ἔθυσαν τῇ θεῷ.

Die Mauer zieht von Munychia aus nördlich bis zum Beginn der Bucht von Phaleron, klimmt dann westlich abbiegend den Burghügel hinan, dessen höchste Kuppe sie streift und folgt dann nordwestlich der allmählich abfallenden Erhebung bis in die Ebene, wo sie heutigen Tages an dem von zwei Thürmen eingerahmten alten Hauptthore ihr Ende erreicht.

Wer sich die Mühe nimmt, die Ummauerung der Hafenstadt nachzumessen, wird dieselbe in erfreulicher Uebereinstimmung mit den 60 Stadien des Thukydides finden.

Die Mauer läuft fast durchgehends auf geglätteten Bahnen, welche in dem Felsboden hergestellt sind; wie die meisten anderen griechischen Mauern besteht sie aus zwei stellenweise durch Querstränge verbundenen Schalen, zu welchen die Quadern im Peiraieus selber, oft in unmittelbarer Nähe des Mauerzuges gebrochen sind. Diese Quadern sind im Allgemeinen 0,40 bis 0,50 hoch und etwa 1,30 lang, an den Seiten und oben geglättet und mit Stoss — resp. Lagerfugen versehen (vgl. die Inschrift C. I. Att. II 1, n. 167, Z. 40 ff., mit der ich im übrigen die Mauer nicht recht zu vereinen weiss), und der Raum zwischen beiden Schalen ist mit Bruchsteinen oder auch nur gestampfter Erde ausgefüllt bis auf die Molen, welche natürlich ganz massiv sind. Die Breite der Mauer schwankt zwischen 3,00 und 3,50 Meter; sie ist aber fast überall breit genug, um Raum für zwei sich begegnende antike Wagen zu lassen (Thukyd. I 93 so breit blieb die Mauer eben immer νῦν ἔτι δῆλόν ἐστι), deren äussere Spurweite nach meinen Erfahrungen 1,60 M. beträgt. Die Mauer ist an den besterhaltenen Stellen bis neun Lagen hoch erhalten (s. Taf. II); was die ursprüngliche Höhe angeht, so theile ich die Ansicht von L. Ross, archäol. Aufss. I, S. 230 ff., dass dieselbe etwa 7 Meter betragen habe; ob aber die höheren Lagen hier, wie bei einem Theile der Mauern Athens (Vitruv. II 8) aus Ziegeln gebildet waren, entscheide ich nicht; die mehrfach erwähnte Mauerinschrift, aus welcher man das schliessen könnte, geht doch eben nur auf die zu renovirenden Stellen und führt an keiner Stelle das damals noch Vorhandene — wohl weitaus das Meiste — als Muster an.

Die Mauern waren durch die Thürme überragt, die nicht überall in gleicher Entfernung, im Allgemeinen aber 60—70 Meter von einander stehen; die Mehrzahl derselben ist viereckig 6—6½ M. breit, 4½—5½ M. tief, nur an den Enden der einzelnen Mauerzüge (s. oben) und an einigen Ecken rund; ganz abweichend (Taf. III) und augenscheinlich jünger sind die zwei Thürme am Hauptthor, welche auf einem runden Unterbau viereckig sich erheben; gerade diese Strecke ist gewiss am häufigsten zerstört und renovirt worden. Den viereckigen Thürmen entspricht gewöhnlich auch noch eine Verstärkung an der Innenseite der Mauer.

Ausser dem Hauptthore ist an der Landseite jetzt noch eine Thoröffnung nördlich von Munychia erkennbar; der ausgedehnte Umring der Akte hat nur drei Pforten (1,25 br.) πυλίδες, deren eine bei Lykurgos geg. Leokrates § 17 erwähnt wird: Λεωκράτης.... κατὰ μέσην τὴν Ἀκτὴν διὰ τῆς πυλίδος ἐξελθών, vgl. § 55.

An einigen Punkten — so bes. westlich von Zea und beim sog. Grabe des Themistokles, südwestlich von Alkimos, finden sich vor der regelmässigen Mauer noch Bruchsteinmauern, wie eine solche auch im Osten der Akte den Gipfel des Hügels mit der Küstenmauer verbindet (Beispiel Taf. IV). Solche gewiss oft nur für das Bedürfniss des Augenblicks aufgerichteten Mauern (vgl. Appian cap. 37) mögen die Sage von den multiplices munitiones des Peiraieus (Floros III, 5, Vollei. Paterc. II 22) veranlasst haben.

Gering sind die Reste auf der Höhe der Akte, zahlreicher auf dem Hügel der Munychia, welcher auch besonders an seinem südlichen Abfall mehrfache polygonale Terrassenmauern aufweist. Auf der Kuppe sind ausser Grundmauern des makedonischen Kastells Cisternen und ein paar grosse Säulentrommeln in dem einheimischen Stein sichtbar. An der westlichen Seite ist der Eingang in einen tiefen Schacht, in welchem etwa 165 Stufen 65 M. tief hinabführen; man erreicht dann Gänge, welche in den Berg gebohrt und mit Stuck ausgestrichen sind, von denen der eine etwa 45 M. weit verfolgt worden ist. Diese Gänge fallen auf den Eingangsschacht zu und waren sicherlich zeitweise mit Wasser gefüllt; es führen mehrere tiefe senkrechte Schachte von der Burgoberfläche hinunter zu den Gängen oder Canälen, aus denen man also bisweilen selbst von oben her Wasser schöpfen konnte. Diese praktische Anlage hatte Curtius (Text zu den sieben Karten S. 10 und de portub. Athenarum S. 16) für ein Κρησφύγετον gehalten, Rhusopulos hatte nach begonnener Ausgrabung ('Ἐφημ. ἀρχαιολ. 1872, S. 152) sehr weitgehende Vermuthungen daran geknüpft (»ein Bauwerk der Minyer«). Ich verdanke die genaueren Angaben nebst einer Skizze dem Baumeister E. Ziller in Athen (vgl. jetzt auch Wachsmuth S. 316).

So viel über die Befestigungen des Peiraieus, deren Wichtigkeit und gute lehrreiche Erhaltung meine umständliche Ausführung hoffentlich rechtfertigen wird.

Ueber die Mauern auf der Eetioneia s. unten, Anm. 24, Text S. 5 f.

14) (Zu S. 4.) Plut. Themistokl. c. 19 Θεμιστοκλῆς . . . ἔξηψε τὴν πόλιν τοῦ Πειραιέως cf Corn. Nep. Phocion . . . neque ita multo post Nicanor Piraeeo est potitus, sine quo Athenae esse omnino non possunt.

15) (Zu S. 4) τὸ διὰ μέσον oder νότιον τεῖχος, (Plato Gorg. 455 e. Harpokr. u. d. W. διὰ μέσου) genannt, weil zwischen dem nördlichen Peiraieusschenkel und dem damals noch bestehenden Phaleronschenkel gelegen.

16) (Zu S. 4.) Vgl. Anm. 13. Die Geschichte kurz behandelt bei Leake S. 288 ff. — Jetzt ausführlich und ansprechend bei Wachsmuth S. 608 ff.

In den zwei letzten vorchristlichen Jahrhunderten, vor und auch n a c h der Zerstörung durch Sulla, erscheint der Peiraieus hauptsächlich in den friedlichen Uebungen der Ephehen: im Hafen Peiraieus sammelten sie sich zur Regatta, deren Ziel der Hafen Munychia und das Heiligthum der Artemis war (s. oben Anm. 13), vgl. C. I. Att. II. 1, No. 466, 19. 470, 12. 471, 29; 71 f. περιέπλευσαν δὲ καὶ τοῖς Μουνυχίοις εἰς τὸν λιμένην τὸν ἐμ Μουνυχίᾳ ἁμιλλώμενοι. Selbst noch zwischen 52 und 42 v. Chr. üben sich die Epheben im Peiraieus, also in seinen verfallenen Befestigungen im

Wachtdienst C. I. Att. II. 1, 481, 22 f. ἔν τε ταῖς φυλακαῖς καὶ τῶν τειχῶν καὶ τοῦ Πειραιέως ἀνελλιπῶς πεποιῆσθαι τῇ πατρίδι τὴν λειτουργίαν.
17) (Zu S. 4.) Strabon IX, S. 395 f. οἱ δὲ πολλοὶ πόλεμοι τὸ τεῖχος κατήρειψαν καὶ τὸ τῆς Μουνυχίας ἔρυμα, τὸν Πειραιᾶ συνέστειλαν εἰς ὀλίγην κατοικίαν τὴν περὶ τοὺς λιμένας καὶ τὸ ἱερὸν τοῦ Διὸς τοῦ σωτῆρος; vgl. auch Servius bei Cicero ad fam. IV 5, 4. — Anthol. Jacobs XIII p. 708 n. 147 ὁ Πειραιεὺς κάρφος μέγιστὶ καὶ κενόν, die umfangreiche Ringmauer ist die Schale. Doch blieb immerhin noch Manches Sehenswerthe, Pausan. I 4.
18) (Zu S. 5.) Der Fundbericht bei Böckh, Urkunden über das Seewesen des att. Staates S. VIII ff. Wachsmuth erkennt seinem Principe gemäss (s. S. 52 und beispielsweise S. 218, 2, dagegen vgl. S. 323, 2) auch den topographischen Werth dieses Fundes nicht an. Aber es handelt sich da um nicht weniger als neun bedeutende Marmorplatten (zu denen wohl auch noch Ἐφημ. ἀρχαιολ. 1872, Heft XV no. 421 kommt, vgl. unten Anm. 40). Es ist im Interesse der Sache nicht zu wünschen, dass jenes Princip, sich durch Fundthatsachen nicht beirren zu lassen, Anhänger finde.
19) (Zu S. 5.) Entscheidend ist dafür die ausgezeichnete Untersuchung von Ulrichs, die Häfen Athens in Reisen und Forschungen in Griechenland II S. 156—182. — Messungen der Schiffshäuser, deren Munychia 82, Zea 196, Kantharos 94 enthielt, bei Graser Philologus 1872, S. 62. — Kurz vor der Drucklegung meiner Arbeit, werde ich noch von mehreren Seiten darauf aufmerksam gemacht, dass G. Perrot (in der rev. crit. 1877 II, S. 232) für eine andere Benennung der Häfen plaidirt — bei Gelegenheit der Recension von G. Hinstin, de Piraeo Athenarum propugnaculo, Paris, Thorin 1877, einer Abhandlung, die mir im Uebrigen unbekannt geblieben ist. — Perrot benennt Zea Munychia und umgekehrt; seine Beweisführung beruht aber hauptsächlich auf der irrigen Annahme, es sei der Kantharos einfach identisch mit dem Peiraieus.
20) (Zu S. 5.) Archäol. Ztg. 1872. XXXI S. 105 ff. — Ἀθήναιον, Ἀθήνησιν 1872, Bd. I, S. 3 ff. — Das Meer wirkt noch heutigen Tages belebend auf die Griechen: überall wo des Meer berühren, in Griechenland und Kleinasien, sind ihre Niederlassungen im Aufschwung begriffen, während ihre Binnenstädte bei der Mangelhaftigkeit der Verbindungsstrassen vegetiren und nicht emporkommen können.
21) (Zu S. 5.) Der Name gesichert durch Thukyd. VIII 90, s. Anm. 25.
22) (Zu S. 5.) Die Thalsohle heisst jetzt Κρομμυδαροῦ; leider sehr ungenügend ist über den Fund im Arch. Anz. 1866, S. 291* berichtet worden; das Resultat meiner Erkundigungen beim Finder s. arch. Ztg. 1872, S. 20 f. ebenda auch die Inschriften.
23) (Zu S. 5.) P. Foucart, des associations réligieuses chez les Grecs, S. 103 f. geht jetzt von der irrigen Voraussetzung aus, es handele sich da um einen Tempel; er glaubt die Inschriften so auffassen zu müssen, als sei in allen eigentlich derselbe Gott gemeint, nur verschieden benannt je nach der Herkunft und den religiösen Begriffen des Weihenden. Diese Auffassung, die ich übrigens nicht theilen kann, berührt sich doch im Resultat mit meiner Ansicht.
24) (Zu S. 5.) Sonderbar äussert sich über diese Befestigungen Leake (S. 284 f.), dessen Meinungen ich übrigens überall nur nach sorgfältigster

Prüfung aufzugeben wage, da er mir immer noch als einer der berufensten Topographen der klassischen Länder erscheint.
25) (Zu S. 6.) (S. Taf. VI.) Ich setze die ganze Stelle her: Thukyd. VIII 90: οἱ τετρακόσιοι .... τὸ ἐν τῇ Ἠετιωνείᾳ καλουμένῃ τεῖχος ἐποιοῦντο ..... ἦν δὲ τοῦ τείχους ἡ γνώμη αὕτη, ὡς ἔφη Θηραμένης καὶ οἱ μετ' αὐτοῦ, οὐχ ἵνα τοὺς ἐν Σάμῳ, ἢν βίᾳ ἐπιπλέωσι, μὴ δέξωνται εἰς τὸν Πειραιᾶ, ἀλλ' ἵνα τοὺς πολεμίους μᾶλλον, ὅταν βούλωνται καὶ ναυσὶ καὶ πεζῷ δέξωνται· χηλὴ γάρ ἐστι τοῦ Πειραιῶς ἡ Ἠετιώνεια καὶ παρ' αὐτὴν εὐθὺς ὁ ἔσπλους ἐστίν. ἐτειχίζετο οὖν οὕτω ξὺν τῷ πρότερον πρὸς ἤπειρον ὑπάρχοντι τείχει (damit ist allgemein die ganze westliche Mauer gemeint), ὥστε καθεζομένων εἰς αὐτὸ ἀνθρώπων ὀλίγων ἄρχειν τοῦ γε ἔσπλου· ἐπ' αὐτὸν γὰρ τὸν ἐπὶ τῷ στόματι τοῦ λιμένος στενοῦ ὄντος τὸν ἕτερον πύργον (d. i. der Thurm auf der äussersten Spitze der Eetioneia) ἐτελεύτα τό τε παλαιὸν τὸ πρὸς ἤπειρον (d. i. die westliche Mauer als Abschluss der Landmauer) καὶ τὸ ἐντὸς τὸ καινὸν τεῖχος τειχιζόμενον πρὸς θάλασσαν (dadurch nämlich dass diese neue, östliche Mauer sich dem Mauerstrang der Eetioneia anfügt;) πρὸς θάλασσαν im Gegensatz zur westlichen und weil auf einem Hügelrücken, der unmittelbar zum Meer abfällt. Dann VIII 92: τὸ τεῖχος τοῦτο καὶ πυλίδας ἔχον καὶ ἐσόδους καὶ ἐπεσαγωγὰς τῶν πολεμίων ἐτειχιζόν τε προθύμως.
Die Mauer wird auch erwähnt bei [Demosth.]. Geg. Theokrin. LVIII S. 1343.

Nach der in der arch. Ztg. a. a. O. gegebenen Andeutung ist die ganze Frage auch behandelt worden von C. Wachsmuth S. 312 f., aber ehe die einschlägigen Monumente hinlänglich bekannt waren.
Der Rundthurm (Taf. V) ist als genau fixirbar auch baugeschichtlich bemerkenswerth.

26) (Zu S. 6.) Thukyd. VIII 90: διῳκοδόμησαν δὲ καὶ στοάν, ἥπερ ἦν μεγίστη, καὶ ἐγγύτατα τούτου εὐθὺς ἐχομένη ἐν τῷ Πειραιεῖ καὶ ἦρχον αὐτοὶ αὐτῆς, ἐς ἣν καὶ τὸν σῖτον ἠνάγκαζον πάντας τοὺς ὑπάρχοντά τε καὶ τὸν ἐσπλέοντα ἐξαιρεῖσθαι καὶ ἐντεῦθεν προαιρουμένους πωλεῖν. — Diese μεγίστη στοά setzt gleich der μακρὰ στοά (Pausan. I 1, 3) Ulrichs S. 177 f. gewiss mit Recht.

27) (Zu S. 6.) Dies folgt aus einem Vergleiche des Scholion zu Aristoph. Acharn. 553 (547): τῆς λεγομένης ἀλφιτοπώλιδος (στοᾶς), ἣν ᾠκοδόμησε Περικλῆς· ὅπου καὶ σῖτος ἀπέκειτο τῆς πόλεως· ἦν δὲ περὶ τὸν Πειραιᾶ mit Demosth. geg. Phorm. S. 918, wonach die ἄλφιτα gerade in der μακρα στοά verkauft wurden. Später (Pausan. I 1, 3) ist die μακρὰ στοά eine allgemeine Markthalle.

28) (Zu S. 6.) So benenne ich nun diese Bucht (wie Curtius in de portubus Athenarum S. 34 f.) nach der einzigen Stelle, in welcher der Name erwähnt wird Xenoph. Hellen. II 4, 8 Παυσανίας (der im Halipedon nördlich vom Phaleron lagert) ... παρῆλθεν ἐπὶ τὸν κωφὸν λιμένα σκοπῶν πῇ εὐαποτειχιστότατος εἴη ὁ Πειραιεύς. Hier hat man nur die Wahl zwischen der Nordbucht des Peiraieus und der kleinen Bucht aussen an der Eetioneia. Da aber zu jener Zeit die Befestigung an der Landseite des Peiraieus ohne Zweifel zerstört war, so brauchte, wer den Peiraieus cerniren wollte, unter allen Umständen nur bis zur Nordbucht des Peiraieus zu gehen. Die kleine Bucht an der Eetioneia liegt übrigens ja auch ganz ausserhalb der Werke

— deren gleiche Ausdehnung an jener Stelle schon vor dem kononischen Neubau durch des Thukydides obige Erzählung hinlänglich gesichert erscheint — und ist wohl kaum jemals als λιμήν bezeichnet worden. Zur Bedeutung von κωφός λιμήν vgl. Zenobius IV 68 zu κωφότερος τοῦ Τορωναίου λιμένος.

29) (Zu S. 7.) Böckh, Staatshaushalt der Athener I², S. 149 ff.

30) (Zu S. 7.) Ἱπποδάμειος ἀγορὰ Xenoph. Hellen. II 4, 11. Andokid. de myst. § 49; nur Ἱπποδάμεια Demosth. geg. Timoth. (49) § 22. In einem jüngst entdeckten Beschluss, der im Jahre 320 unter dem Archontat des Neaichmos und auf den Antrag des Redners Demades gefasst wurde (Ἀϑήναιον VI 1877, S. 158), heisst es einfach ἡ ἀγορὰ ἡ ἐν Πειραιεῖ. Da dies Document in mehrfacher Beziehung lehrreich ist, so theile ich die Hauptstelle daraus mit: ὅπως ἂν ἡ ἀγορὰ ἡ ἐν Πειραιεῖ [κα]τασκευασϑεῖ καὶ ὁμαλισϑεῖ ὡς κάλλιστα καὶ τὰ ἐν τῶι ἀγορανομίωι (das wohl am Markte lag) ἐπισκευασϑεῖ, ὧν ἂν προσδέηται ἅπαντα, ἀγαϑῆι τύχηι δεδόχϑαι τῶι δήμωι· τοὺς ἀγορανόμους τοὺς ἐμ Πειραιεῖ ἐπιμεληϑῆναι ἁπάντων τούτων· τὸ δὲ ἀνάλωμα εἶναι εἰς ταῦτα ἐκ τοῦ ἀργυρίου οὗ οἱ ἀγορανόμοι διαχειρίζουσιν· ἐπειδὴ δὲ καὶ ἡ τῶν ἀστυνόμων ἐπιμέλεια προστέτακται τοῖς ἀγορανόμοις, ἐπιμεληϑῆναι τοὺς ἀγορανόμους τῶν ὁδῶν τῶν πλατειῶν, ᾗι ἡ πομπὴ πορεύεται τῶι Διὶ τῶι Σωτῆρι καὶ τῶι Διονύσωι ὅπως ἂν ὁμαλισϑῶσιν καὶ κατασκευασϑῶσιν ὡς βέλτιστα κτλ. Diejenigen, welche Schutt auf die Strassen geworfen haben, sollen angehalten werden, ihn wieder fortzuräumen; und damit Alles in gutem Stande bleibe, werden die mit Strafen bedroht (Sklaven anscheinend mit Prügel), die etwa später Schutt oder Koth auf Markt und Strassen werfen sollten. Ein merkwürdiges Zeugniss für die Strassenpolizei, und auf der andern Seite ebenfalls dafür — was auch sonst vielfach auffällt und zugleich manche Sonderbarkeiten erklärt —, dass den Alten bei ihren grossartigen Anlagen, die Vorrichtung des betr. Platzes nicht als die erste unerlässliche Bedingung erschien.

31) (Zu S. 7.) Wo, wie bei der Peiraieusstadt, die Terrainbedingungen von einer so unveränderlichen Bestimmtheit sind, ist es wohl erlaubt darauf hinzuweisen, dass auch bei der Stadtanlage in moderner Zeit gerade an jener Stelle ein grosser Platz ausgespart worden ist.

32) (Zu S. 8.) Vgl. E. Curtius: über hellenische Märkte, Arch. Ztg. 1848, S. 292 ff.

33) (Zu S. 8.) Assos bei Texier Asie Mineure I pl. 108 f. — Knidos bei Texier III 159. — Antiphellos bei Texier III 191 f. — Termessus major bei Spratt und Forbes, travels in Lycia I zu S. 240 u. s. f.

34) (Zu S. 8.) Thukyd. VIII 93. Lysias geg. Agorat. § 32 und 35, vom Theater heisst es da τὸ πρὸς τῇ Μουνυχίᾳ Διονυσιακὸν ϑέατρον und Μουνυχίασιν ἐν τῷ ϑεάτρῳ; der Vergleich mit den nicht wenigen Inschriften, in welchen eine Volksversammlung im Peiraieus erwähnt wird (so C. I. Gr. I 112, 4 und C. I. Att. II 1, 406, 417 cf. 459) sowie mit Xenophon's Ausdruck (Hellen. II 4, 32) τὸ Πειραιοῖ ϑέατρον ergiebt, was auch natürlich, dass sich im Peiraieus nur ein Theater befand (ebenso Wachsm. S. 320, doch widerspricht S. 641, 3). Auch sind nur die Reste eines Theaters im Peiraieus erhalten, denn was Leake westlich von Zea dafür annahm (Topogr. S. 280 f.) ist sicherlich keines, und die ganze Annahme beruht überhaupt auf der damals noch irrigen Ansetzung von Munychia. Das Theater im Peiraieus oder an der Munychia war, wie das städtische, ein Dionysostheater (vgl. auch Böckh, das Pir. Theater und die Dionysien in Abhdlgn. d. Berl. Aknd. 1817). Wir dürfen annehmen, dass es bereits im Plane des Hippodamos lag; nicht allzu lange nach seiner Gründung wird da ein Schauspiel des Euripides aufgeführt, um deswillen Sokrates in den Peiraieus hinabgeht (Ael. Var. Histor. II 13 καὶ Πειραιοῖ δὲ ἀγωνιζομένου τοῦ Εὐριπίδου καὶ ἐκεῖ κατῄει). In der Mitte des vierten Jahrhunderts wird die Theaterführung um 330 Drachmen jährlich an vier att. Bürger verpachtet (C. I. Gr. 102 = C. I. Att. II 1 n. 573). Wenig später (nach Ol. III, 2. 3) wird unter Ehren, die den Klazomeniern erwiesen werden sollen, erwähnt (C. I. Att. II 1 n. 164 Z. 82 f.): κατανεῖμαι δὲ αὐτοῖς καὶ θέαν τὸν ἀρχιτέκτονα εἰς τὰ Διονύσια τὰ Πειραϊκά; und die προεδρία ἐν τῷ θεάτρῳ ὅταμ ποιῶσι Πειραιεῖς τὰ Διονύσια wird hier verliehen (C. I. Gr. 101 = C. I. Att. II 1 n. 589 aus erster Hälfte des zweiten Jahrhunderts) wie in der Stadt. Die Feier dieser Piraeischen Dionysien und Opfer an den ἐμ Πειραιεῖ Διόνυσος spielen eine grosse Rolle in den Urkunden der Epheben, von denen es auch in einer Inschrift (C. I. Att. II 1 n. 466, Z. 37) heisst: παρήδρευσαν δὲ καὶ ταῖς ἐκκλησίαις πάσαις ἐν ὅπλοις ταῖς τε ἐν ἄστει καὶ ἐμ Πειραιεῖ; es sind da wohl die ἐκκλησίαι gemeint, welche mit den Dionysien in Beziehung standen (A. Mommsen, Heortologie S. 387 ff.).

Wie die Befestigungswerke nach der Makedonischen Epoche (s. 229 s. Anm. 13) einer gründlichen Reparatur bedurften, so scheint auch das Peiraiische Theater während jener stürmischen Zeit sehr gelitten zu haben, und zwar so, dass nicht mehr blos von einer ἐπισκευή, sondern einfach von einer κατασκευή die Rede sein konnte. Denn auf jene Zeit (zwischen 220 und 210) beziehe ich eine sehr merkwürdige Inschrift, welche im Jahre 1872 bei der Strassenregulierung im Peiraieus in der ὁδὸς Σωκράτους, eine beträchtliche Strecke südwestlich vom Theater an das Licht kam. Dieselbe ist bisher nur in Minuskeln von Kumanudis im Ἀθήναιον 1872, S. 11 veröffentlicht worden, der dieselbe wegen des Fundorts auf das (Leake'sche) Theater bei Zea beziehen zu können glaubte. Ich lasse dieselbe ihrer Wichtigkeit wegen hier (in meiner eigenen Abschrift) folgen; sie befindet sich auf einer Pentelischen Marmorplatte, welche 0,65 hoch, 0,56 breit und 0,19 dick ist:

```
  ⌒ ω Ε Ρ ι  ι  . . . . .  ⌐" ι /// \///⎯/// ( Τ Ο
Ο  Ι  Δ  Ε  Ε  Π  Ε  Δ  Ω  Κ  Α  Ν  Ε  ▓▓
Κ  Α  Τ  Α  Σ  Κ  Ε  Υ  Η  Ν  Τ  Ο  Υ  Θ  Ε  Α  Ϊ

   ΝΙΚΟΓΕΝΗΣΦΙΛΑΙΔΗΣΥΠΕΡΕΑΥΤΟΥ  ΜΕΝ
 5 ΚΑΙΤΟΝΥΟΝΛΥΑΝΔΡΟΥΚΑΙΝΙΚΟΓΕΝΟΥΣ ⊦Δ  ΚΑΙΤ          Ε
   ⊦ΡΑΚΛΕΙΤΟΣΙΚΑΡΙΕΥΣΥΠΕΡΕΑΤΟΥ                          ▒ΡΕΛ
   ΚΑΙΤΗΣΓΥΝΑΙΚΟ▓//ΝΙΚ▓▓/ΑΙΤΟΝΥΩΝ              Υ▓Α▓▓▓Ο . . Φ
   ΗΡΑΚΛΕΙΤΟΥΚΑΙΔΙΟΝΥΣΟΓΕΝΟ▓
   ΚΑΙΤΗΣΟΥΓΑΤΡΟΣΝΙ▓ΑΡΕΤΗΣ  Η
10 ΙΕΡΟΝΥΜΟΣΠΑΛΛΗΝ▓ΥΣΥΠΕΡΕΑΥΤΟΥ  Λ         ΑΙ   · ▓Ε
   ΚΑΙΤΗΣΓΥΝΑΙΚΟΣΔΕΞΟΥΣΚΑΙΤΟΥ                    ΧΟΣΔΔ
   ΥΟΥΙΕΡΟΝΥΜ///ΥΚΑΙΤΗΣΘΥ///ΑΤΡΟΣ                ▓Δ▓ΥΣΥΡ⌐
   //ΕΡΟΚΛΕΙΑΣ  ⊦ΔΔ                              Α▓ΙΟΣ
   ΗΡΑΚΛΕΙΔΗΣΚΡΙΟΕΥΣΥΠΕΡΕΑΥ▓                      /////
15 ΚΑΙΤΟΥΥΟΥΓΛΑΥΚΙΟΥ    ΔΔΔΔ              ΤΟ · Ι▓ΕΡ
    ⎿ΗΤΡΙΟΣΑΙΞΩΝΕΥΣ   ΔΔ                      ΔΟΡΟΥΟ
    ⎿ΛΑΙΕΥΣΥΠΕΡ//ΑΥΤΟΥΚΑΙ▓               ΡΙΝΟΥΣΙΟΣ Δ
    ⎿ΙΕΡΩΝΟΣΚΑΙΝΙΚΟΓΕΝΟΥΔΔΔΔ        Ο      ΡΡΙmΟϓΤΤΗΣ
    ⎿ΟΤΡΥΝΕΥΣΥΠΕΡΕΑΥΤΟΥ                   ΤΟ       ΣΙΑΣΚΑΙ
20  ⎿ΙΚΟΣΓΟΡΓΟΥΣ                              ΤΟ  Η   ΔΔΔΔ
    ⎿ΠΟΛΛΟΔΩΡΟΥΚΑΙ                    Π . . ΥΣΑΓΝΟΥΣΙΟΣΥΠΕΡΕΑΥΤΟΥ
    ⎿ΟΥΓΑΤΡΟΣΓΟΡΓΟΥΣ⊦                 ΚΑΙΤΟΥΠΑΤΡΟΣΑΦΡΟΔΙΣΙΟΥΚΑΙ
    ⎿ΥΠΕΡΣΑΥΤΟΥ                       ΤΗΣΜΗΤΡΟΣΕῩΓΕΝ▓ΣΚΑΙΤΟΥ
    ⎿ΤΙΟΝΟΣΔΔΔ                        ΑΔΕΛΦ▓ΥΓΟΡΓΙΟΥ   ⊦ΔΔ
  25 ⎿ΕΥΣΥΠΕΡΕΑΥΤΟΥ                   ΔΙΟΝΥΣΙΟΣΟΛΥΜΠΙΟΔΟΡΟΥΛΑΜΠΤΡΕ
    ⎿ΤΗΣΚΑΙΤΗΣ                        ΥΠΕΡΕΑΥΤΟΥΚΑΙΤΗΣΓΥΝΑΙΚΟΣ
    ⎿ΗΣ ⊦Δ                            ΣΩΣΙΒΙΑΣΚΑΙΤΗΣΘΥΓΑΤΡΟΣ
    ⎿ΔΔ                               ΔΙΩΝΥΣΙΑΣ  ΔΔΔ⊦
    ⎿ΥΤΟΥ                             ΠΟ▓ΥΧΑΡΜΟΣΦΑΛΗΡΕΥΣ  ΔΔ
30                                    ΔΙΟΚΛΗΣΟΕ▓ΠΙΕΥΣΓ
    ⎿⊦Δ                               Φ▓ΟΣΤΡΑΤΟΣΑΡΑΦΗΝΙΟΣ  Δ
    ⎿ΑΥΤΟΥ                            ΔΟΣΙCΕΟΣΑΜΦΙΤΡΟΓΗΘΕΝΥΠΕΡ
    ⎿Δ                                ΕΑΥΤΟΥΚΑΙΤΟΥΥΟΥΣΥΜΜΑΧΟΥ
    ⎿ΟΥ                               ΑΙΣΧΙΝΗΣΑΧΑΡΝΕΥΣ  ΔΔ
   35                                 ΣΩΣΙΒΙΟΣΣΚΑΜΒΩΝΙΔΗΣ  Δ
                                      ΧΑΡΜΑΝΤΙΔ▓ΣΜΥΡΡΙΝΟΥΣΙΟΣ Δ
                                      ΓΑΝ▓⊦ΣΤΟΡΠΑΛΛΗΝΕΥΣ  Δ
                                      ΥΑΓΙΟΝΚοοΟΚΙΔΗΣΥΠΕΡΕΑ
                                      ΙΤΗΣΓΥΝΑΙΚΟΣΣΩΣΙΚΡΑΤΕ
                                  40  ΤΟΥΥΟΥΑΛΚΕΤΟΥΚΑΙ
                                      ΘΥΓΑΤΡΟΣΦΙΛΙΑΣΔΔΔ
                                      ΑΣΒΑΤΗΘΕΝΥΠΕΡΕΑ
                                      ΝΥΩΝΔΡΑΚΟΝΤΟΣΚΛ
                                      Σ  ⊦Δ
                                   45 ▓ΙΣΙΕΥΣ Δ
                                      ΗΣΚΗΦΙΣΙΕΥΣ
                                      ΑΜΝΟΥΣΙΟΣΥ
                                      ΘΕΟΠΟΜΠΟΥ
                                        ΔΔΔ
                                   50 ΕΛΙΤΕΥ
                                       ΣΓΥΝ
                                        Δ
```

. αθερ ιι   ∠ιι [α]υτο
οἴδε ἐπέδωκαν εἰ[ς τὴν
κατασκευὴν τοῦ θεά[τρου

a.

Νικογένης Φιλαΐδης ὑπὲρ ἑαυτοῦ
5 Καὶ τῶν ὑῶν Λυσάνδρου καὶ Νικογένους ⌐⌐
Ἡράκλειτος Ἰκαριεὺς ὑπὲρ ἑατοῦ
καὶ τῆς γυναικὸ[ς] Νίκ[ης κ]αὶ τῶν υἱῶν
Ἡρακλείτου καὶ Διονυσογένους
καὶ τῆς θυγατρὸς Νι[κ]αρέτης Η
10 Ἰερώνυμος Παλληνε]ὺς ὑπὲρ ἑαυτοῦ
καὶ τῆς γυναικὸς Δεξοῦς καὶ τοῦ
υἱοῦ Ἱερωνύ[μο]υ καὶ τῆς θυ[γ]ατρὸς
Ἱεροκλείας ⌐ΔΔΔ
Ἡρακλείδης Κριωεὺς ὑπὲρ ἑαυ[τοῦ
15 καὶ τοῦ υἱοῦ Γλαυκίου ΔΔΔΔ
Δημήτριος Αἰξωνεὺς ΔΔ
Ἱέρων] Ἁλαιευς ὑπὲρ [ἑ]αυτοῦ καὶ τ[ῶν
υἱῶν ?]Ἱέρωνος καὶ Νικογένου ΔΔΔ|Δ
Ἀπολλόδωρος] Ὀτρυνεὺς ὑπὲρ ἑαυτοῦ
20 καὶ τῆς γυν[αικὸς Γοργοῦς
καὶ τῶν ὑῶν Ἀ]πολλοδώρου καὶ
Σωγένους καὶ τῆς] θυγατρὸς Γοργοῦς ⌐
............ὑπὲρ ἑαυτοῦ
............τίωνος ΔΔΔΔ
25 ....εὺς ὑπὲρ ἑαυτοῦ
...................της καὶ τῆς
...................ης ⌐Δ
...................ΔΔ
............ὑπὲρ ἑα]υτοῦ
30 ....
.....................⌐Δ............
............ὑπὲρ ἑ]αυτοῦ
..........................Δ
...........................ου

b.

Μεν...............
καὶ τ........ε...............
..................ρελ......
..............Γ..αι..ο..φ..
....
....
Δ...........αι....νε
..................χος ΔΔ...
.............διερς ὑπὲρ...
..................:. αιος
....
15 ....τοῖς] ὑπὲρ
.....................δώρου
.........Μυρ]ρινούσιος Δ
Διονύσιος (Kumanud.) ἐκ Μυ]ρρινούττης
......τῶ[ν].............σίας καὶ
20 ....το.η............ΔΔΔΔ
Π...υς Ἁγνούσιος ὑπὲρ ἑαυτοῦ
καὶ τοῦ πατρὸς Ἀφροδισίου καὶ
τῆς μητρὸς Εὐγενείας καὶ τοῦ
ἀδελφοῦ Γοργίου ⌐ΔΔ
25 Διονύσιος Ὀλυμπιοδώρου Λαμπιρε[ὺς
ὑπὲρ ἑαυτοῦ καὶ τῆς γυναικὸς
Σωσιβίας καὶ τῆς θυγατρὸς
Διονυσίας ΔΔΔ⊦
Πο[λ]ύχαρμος Φαληρεὺς ΔΔ
30 Διοκλῆς Θεσπιεὺς Γ
Φ[ιλ]όστρατος Ἀραφήνιος Δ
Δωσίθεος Ἀμφιτροπῆθεν ὑπὲρ
ἑαυτοῦ καὶ τοῦ υἱοῦ Συμμάχου
Αἰσχίνης Ἀχαρνεὺς ΔΔ
35 Σωσίβιος Σκαμβωνίδης Δ
Χαρμαντίδη]ς Μυρρινούσιος Δ
Ἀγα[μή]στωρ Παλληνεὺς Δ
Εὐάγιων Κοθωκίδης ὑπὲρ ἑ[αυτοῦ
καὶ τῆς γυναικὸς Σωσικρατε[ίας
40 καὶ] τοῦ υἱοῦ Ἀλκέτου καὶ
τῆς] θυγατρὸς Φιλίας ΔΔΔ||||
Καλλί]ας Βατῆθεν ὑπὲρ ἑαυ[τοῦ
καὶ τῶ]ν ὑῶν Δράκοντος κα[ὶ
Ἄβρωνο]ς ? ⌐Δ
45 .....Κηφ]σιεύς Δ
.....ης Κηφισιεύς....
.....Ῥ]αμνούσιος ὑπὲρ ἑαυτοῦ
καὶ τῶν υἱῶν] Θεοπόμπου [καὶ
..........ο]υ ΔΔΔ
50 ....Μ]ελιτεὺ[ς ὑπὲρ ἑαυτοῦ
καὶ τῆ]ς γυναικὸς....
........Δ

Den mannigfachen schriftlichen Zeugnissen dafür, dass auch die griechischen Frauen das Theater besuchten (s. C. Fr. Hermann, griech. Privatalterth. § 10, 21; gottesdienstl. Alterth. § 43, 9), darf man nun auch wohl das obige monumentale hinzufügen. Aber der Hauptwerth des Documents scheint mir in seiner Bedeutung für die Geschichte der attischen Familien und damit der Chronologie von der Mitte des dritten etwa bis zur Mitte des zweiten Jahrhunderts zu liegen.

Ulr. Köhler ist geneigt, die grosse auf die Theseen bezügliche Urkunde (C. I. Att. II 1 no. 444), in welcher der oben a. Z. 4 genannte Nikogenos des Philaide nebst seinen Söhnen vorkommt, etwa in das Jahr 160, frühestens aber zwischen 200—189 v. Chr. zu setzen. Alb. Dumont dagegen (im essai sur la chronologie des Archontes Athéniens S. 115) glaubt dieselbe dem Jahre 209 zuweisen zu können. Ich trete dieser Ansicht aus triftigen Gründen bei: die vorliegende Urkunde ist nämlich einer ganzen Reihe wichtiger Inschriften zuzuweisen, in welchen mehrere Generationen der gleichen attischen Familien vorkommen, die sich so gegenseitig ergänzen und bestimmen und daher nur bei einer zusammenhängenden Behandlung ihre richtige Stelle erhalten können. Ich habe diese Untersuchung in der Archäol. Ztg. 1872 S. 25 f. angedeutet und begnüge mich hier eine kurze chronologische Liste der wichtigsten Dokumente dieser Art zu geben, nach welchen auch die Namen oben Col. a. Z. 16 ff., b. Z. 40 f. ergänzt sind:

I. C. I. Att. II 1, 334 = Rangabe 880 auf den Chremonid. Krieg bezüglich $ταμίας$ $στρατιωτικῶν$ $Εὐρυκλείδης$ $Μικίωνος$. (etwa a. 265)

II. C. I. Att. II 1, 379. 380 auf Restauration der Mauern durch Mikion bezüglich, s. Anm. 13, (a. 229).

III. C. I. Att. II 1, 444 auf die Theseen bezüglich (siehe oben). (a. 220—210)

IV. Die vorliegende Urkunde. (a. 220—210)

V. Philistor Bd. IV, S. 354 eine $ἐπίδοσις$ zu einem unbekannten Zwecke. (a. 200 oder etwas später.)

VI. Revue archéol. 1860 I, S. 326. $ἐπὶ$ $Σωσιγένους$ $ἄρχοντος$ $οἵδε$ $πύργον$ $ἀνέστηκαν$. (c. 190.)

VII. Rangabe 962, Sieger in Spielen. (c. 190.)

VIII. $Ἐφημ$. $ἀρχαιολ$. 1860 no. 3760 = $ἐπιγρ$. $ἀνέκδοτ$. Athen 1860 no. 49 Liste von Epimeleten irgend eines Werkes aus dem Peiraieus. (a 180—170.)

IX. C. I. Att. II 1, 446 auf $Μιλτιάδης$ $Ζωΐλου$ $Μαραθώνιος$. (c. 160.)

X. Ross, Demer. No. 14. (c. 160.) deren fragmentirte Namen grossentheils richtig ergänzt, auch noch gelesen werden können.

XI. Liste von Beiträgen zur Delphischen Theorie bei Eustratiadis, $ἐπιγρ$. $ἀνέκδ$. $φυλλάδ$. $τρίτον$ Athen 1855. (zw. 146 u. 87).

Diese Inschriften ziehen zahlreiche andere nach sich, z. B. $Ἐφημ$. 2031. 2032. C. I. Gr. I 123—125. Rangab. 478. 1268. $Φιλίστωρ$ II 187. $Ἀθήναιον$ I 402 u. s. f.

Unsere Inschrift bietet mit den obigen folgende Berührungen:

a. Z. 4, 5 *Νικογένης Νίκωνος Φιλαΐδης* seine Söhne *Λύανδρος* und *Νικογένης*
— no. III (der Liste) geehrt unter Archon Aristodemos. III. b. 84 *ϊππῳ λαμπρῷ Λύανδρος Νικογίνου Λίγεΐδος.* III. a. 63.

a. Z. 14 *Γλαυκίας Κριωεύς* (Knabe)
— XI. 67 γ 1 43 *κήρυξ εἰς Δῆλον* erwachsen (derselbe?).

a. Z. 16. *Δημήτριος Αἰξωνεὺς*
— XI. 67 η,θ. 1 30 *ἱερεὺς Ῥώμης Δημήτριος Αἰξωνεύς* (derselbe?).

a. Z. 18. *Νικογένης Ἰέρωνος Ἁλαιεὺς* (Knabe)
— X. a. 24 erwachsen.

a. Z. 19. *Ἀπολλόδωρος Σωγένου] Ὀτρυνεύς*
— I. a. 67

a. ? Z. 12. *Ἡρακλείδης Κριωεὺς =* ?
b. Z. 38. *Εὐαγίων Κοθωκίδης* und Sohn *Ἀλκέτης* =
— VIII. 22 *Ἡρ. Σωσικράτου Κριωευς.* Rang. 1268 a. 8 *Εὐαγίων Ἁλκ. Κοθ.* VIII. b. 24. *Ἀλκέτης Εὐαγίωνος Κοθ.* erwachsen (derselbe?).

b. Z. 42. *Καλλίας Βατῆθεν* und Sohn *Ἄβρων*
— III b. 72 *Ἄβρων Καλλίου* siegt als Knabe.
V. b. 96 *Ἄβρων Βατῆθεν* giebt für Frau und Söhne; *Ἄβρων Καλλίου* proxenos in Delphi unter Archon Xenon 147, 4 = 189/8 v. Chr. s. A. Mommsen, Philol. 1866, 32.

Eine genauere Prüfung dieser Uebereinstimmungen wird die chronologische Ansetzung unserer Inschrift rechtfertigen.

85) (Zu S. 8.) Xenoph. Hellen. II 4, 40 ff.; die im Text betonte Stelle § 11: *οἱ δ' ἐκ τοῦ ἄστεος εἰς τὴν Ἱπποδάμειον ἀγορὰν ἐλθόντες πρῶτον μὲν συνετάξαντο ὥστε ἐμπλῆσαι τὴν ὁδὸν ἣ φέρει πρός τε τὸ ἱερὸν τῆς Μουνυχίας Ἀρτέμιδος καὶ τὸ Βενδίδειον· καὶ ἐγένοντο βάθος οὐκ ἔλαττον ἢ ἐπὶ πεντήκοντα ἀσπίδων.* Da die Dreissig über 3000 Fusssoldaten hatten, (Xenoph. a. a. O. 4, 2), so ergiebt sich eine Breite von wenigstens 60 Mann für ihre Reihen und für die Strasse.

86) (Zu S. 8.) Die Lage des Tempels der Munychischen Artemis ist leider noch nicht genauer zu bestimmen; Leake glaubte denselben in Grundmauern nördlich von Zea erkennen zu dürfen, wo auch in neuerer Zeit mehrfach Funde gemacht worden sind (s. Anm. 46 unter *Ζεὺς φίλιος*) und legt das Bendideion westlich von Zea, wo noch jetzt bedeutende Grundmauern sichtbar sind (Plan K), dieselben gehören einer Kirche an, welche über 40 M. lang und über 12 M. breit ist; mannigfache antike Reste, Gebälk, Triglyphenstücke in pir. Stein, eine uncannelirte Säulentrommel, Platten hymettischen Marmors sind da verbaut, vgl. auch unten Anm. 43 vielleicht vom Metroon. Mir scheint einerseits aus den Worten Xenophons klar zu sein, dass der Tempel nicht auf der Höhe gelegen haben kann, denn jenseits desselben lag noch das Bendideion; andererseits aber muss doch nach dem Namen der Munychischen Artemis das Heiligthum an dem Munychischen Hügel gesucht werden. Unter Berücksichtigung des

Mauerabschlusses im Norden und der Terrainverhältnisse im Allgemeinen kann man sich dann nur für den südlichen Hang entscheiden, wo der Tempel zugleich das Meer und die Häfen überblickte. Und diese Lage steht mit Xenophons Darstellung im besten Einklang. Ebenda muss dann das Bendideion gesucht werden, der Tempel der thrakischen Artemis, dessen Nähe am Heiligthum der anderen Artemis ohnehin sehr wahrscheinlich ist, s. auch Anm. 42 und 47. Wie A. Mommsen dazu kommt, das Bendideion an den phalerischen Strand zu setzen (Heortologie 426 Note) verstehe ich nicht.

37) (Zu S. 9.) Schol. zu Aristoph. Frieden 144: ὁ Πειραιεὺς λιμένας τρεῖς ἔχει, πάντας κλεισιούς· εἷς μὲν ἐστιν ὁ Κανθάρου λιμὴν οὕτω καλούμενος ἀπό τινος ἥρωος Κανθάρου ἐν ᾧ τὰ νεώρια, εἶτα τὸ Ἀφροδίσιον, εἶτα κύκλῳ τοῦ λιμένος στοαὶ πέντε. Die beiden anderen λιμένες κλειστοί Zea und Munychia sind ausgefallen, das Erhaltene bezieht sich nur auf den Peiraieus vgl. jetzt auch Wachsm. S. 340 ff.

38) (Zu S. 9.) Xenoph. über die Zölle: καλὸν μὲν καὶ ἀγαθὸν ναυκλήρους οἰκοδομεῖν καταγώγια περὶ λιμένας πρὸς τοῖς ὑπάρχουσιν. Darf man die Verehrung des Heros Ἀκρατοπότης (Polemon bei Athen. II p. 39 C.) auf die Lebensweise in der Hafenstadt beziehen? — In den Zollhäusern befanden sich wohl die amtlichen Gewichte, C. I. Att. II 4 n. 476 oder im ἀγορανόμιον? (S. Anm. 30.)

39) (Zu S. 9.) Die Inschrift mit dem Schlusse στήσατε πρὸ τοῦ δείγματος (Philologus 1870, S. 694) ist in dem mit *J* bezeichneten Bau, nordöstlich vom ὅρος ἐμπορίου καὶ ὁδοῦ gefunden; die betr. Fundamente mögen auch einer Kirche angehören (?). Das Deigma legt Wachsm. S. 324, 4 wohl mit Recht an das Meer nach Polyain. VI 2, 2; dann muss es eben zwischen den Hallen gelegen haben.

40) (Zu S. 9.) Böckh, Seeurkunden cap. VI, S. 64 ff. Zu dem Gebäude haben auch Triglyphen gehört, welche (1,05 hoch und 0,752 breit) zugleich mit den Inschriften gefunden wurden (s. O. S. XI), und ein hölzernes Modell zur Enkaustik der Triglyphen wird Inschrift XI Z. 135 genannt. In den Inschriften wird auch ein οἴκημα μέγα πρὸς ταῖς πύλαις erwähnt und Böckh hat diese Angabe auf das Hauptthor des Peiraieus bezogen; nicht mit Recht wie ich glaube, da die Skeuothek selber einen prächtigen Eingang, ein säulengetragenes προπύλαιον gehabt zu haben scheint. Denn auf den Bau der Skeuothek beziehe ich die vor wenigen Jahren nahe dem Fundorte der Seeurkunden entdeckte Inschrift (Ἐφημ. ἀρχαιολ. 1872, Heft XV, Ho. 421), deren erste Zeilen nach dem Herausgeber Eustratiadis so lauten.

......μ[εγά]λης στήλης λογ[ισμ]οί |. ἔργ......ει..
......Διὸς Σωτῆρος, ἐπισιατοῦντω[ν..]σ[......τοῦ] Πλει....ν...
......Ἐπ[ιφ]άνους Ἀξηνι[έως], Λε....ους (τ)ο[ῦ)......ρά(του)ς
....Παλλ[ηνέως..εο
γι....[Ἀρ]ιστείδου τοῦ Ἀρίστ[ων]ος Περγα[σῆ]θεν οἷς ἐγ[ραμμά-
....τευεν....κρα.

Dann werden κρηπιδιαῖοι λίθοι erwähnt, die Steine sollen in der Akte geschnitten werden (s. Anm. 40) Z. 36 heisst es το[ῦ [πρ]οπυλ[αίου, Z. 37 ...λφ κίο(νι. Der Herausgeber hat mit Recht aus den verschiedenen

Demen der Epistaten geschlossen, dass es sich um einen öffentlichen Bau
handele und denkt an den Tempel des Zeus Soter (an eine Restauration
desselben auch Wachsm. S. 325). Aber mit welchem Rechte? Die Worte
Διὸς σωτῆρος können eine ganz andere Beziehung gehabt haben; ich
möchte glauben, dass der angesehene Priester des Zeus Soter irgend eine
Function bei der Verwaltung des Baues gehabt habe, als welchen ich den
Bau der Skenothek gerade des Fundortes der Inschrift wegen zu bezeichnen
wage. Auch der epigraphische Charakter der Inschrift scheint dieser
Annahme günstig zu sein.

41) (Zu S. 10.) So Pausan. I 1, 3.

42) (Zu S. 10.) Eine Inschrift an die Euploia fand sich am Ufer unterhalb des vorausgesetzten Standortes des Tempels, Rangabe n. 1069; eine
auf die Syria bezüglich dagegen oben, Rang. 809 = C. I. Att. II 1 n. 627.
Ebenda die dorischen Säulenreste aus pentelischem Marmor (zwei Trommeln 0,85 und 1,87 hoch, etwa 1,00 im Dm.) und ein Capitel (Abacus 1,40
im Geviert) mit 20 ziemlich flachen 0,17 breiten Cameluren; auch ein Gesimsstück und Tropfenplatten, s. arch. Ztg. XXXI 1873, S. 105. Ἀθήναιον
1872, S. 4; ebenda auch über die Tempelfundamente.

Das interessante Decret aus der Verwaltung des Lykurg (333), das den
Kitiern die Gründung eines Heiligthums ihrer [— doch wohl der syrischen
vgl. die Inschrift bei Kekulé, Theseion Ἀριστοκλέα Κιτικὰς Ἀφροδίτη
Οὐρανίᾳ εὐξαμένη ἀνέθηκεν d. i. die syrische —] Aphrodite gestattete,
s. Hermes V 351 f. jetzt C. I. Att. II 1 no. 168. Also sind die Euploia und
Syria nicht identisch wie Rangabe will zu no. 809.

43) (Zu S. 10.) Die Funde, welche Existenz und Lage des Metroons
im Peiraieus nachweisen, nach den Anm. 35 erwähnten Ruinen, zuerst mitgetheilt von G. Papasliotis im Arch. Anz. 1855, S. 83* ff. (derselbe wies
mir persönlich die Stätte nach); dann besprochen von C. Fr. Hermann,
Philologus X S. 293—99 und D. Comparetti, annali dell Instituto 1862
(XXXIV) S. 23—45. Vgl. jetzt P. Foucart, des associations réligieuses chez
les Grecs, S. 85 ff.

44) (Zu S. 10.) S. arch. Ztg. 1873 XXXI S. 106 f. — Die Epheben
stiften mehrfach Bücher in das Ptolemaion, C. I. Att. II 1 no. 166 ff.
480, 22.

45) (Zu S. 10.) Isokrat. panegyr. 42: ἐμπόριον γὰρ ἐν μέσῳ τῆς
Ἑλλάδος τὸν Πειραιᾶ κατεσκευάσατο τοσαύτην ἔχονθ' ὑπερβολήν, ὥσθ' ἃ
παρὰ τῶν ἄλλων ἓν παρ' ἑκάστων χαλεπόν ἐστι λαβεῖν, ταῦθ' ἅπαντα παρ'
αὐτῆς ῥᾴδιον εἶναι πορίσασθαι. Aehnliche Gedanken bei Thukyd. II 38
und bei Xenoph. Athen. resp. II 11 ff.

46) (Zu S. 10.) Ich führe dieselben hier in alphabetischer Reihenfolge an:

Ἀκρατοπότης, Heros; Polemon bei Athen II p. 39 C: Πολέμων φησὶν ἐν Μουνυχίᾳ ἥρωα Ἀκρατοπότην τιμᾶσθαν. vgl. Anm. 38.

Ἀθηνᾶ Πε[ιι]ώνη? in einer eingekratzten Inschrift im Dionysostheater
in Athen. V Keil. Reihe 7. S. H. Gelzer, Monatsber. d. Berl.
Akad. 1872, S. 173.

Ἀθηνᾶ Σώτειρα s. Zeus.

Ἄρτεμις Μουνυχία s. eben Anm. 35, dann Lysias geg. Agorat. § 24
— schol. Demosth. 3. 262, 17. — Widmungen an sie bei Ross,
Demen S. 53 n. 21 = Rang. n. 1060 vgl. A. Kirchhoff, Hermes II,
S. 172. Ihr Lichtfest Philochor. bei Athen. XIV p. 645 a. — Suid.
u. d. W. ἀμφιφῶντες Welcker, Götterlehre I S. 570. — Inschrift
— — ᾐδοφόρου ἐμ Πειραιεῖ im athen. Dionysostheater III Keil,
Reihe 4. Gelzer a. O. S. 166. Das Fest, die Munychien, fällt auf
den 16. Munychion, s. A. Mommsen, Heortologie S. 403. An
diesem Tage fanden die Regatten der Epheben statt, s. z. B. C. I.
Att. II 4 n. 471, Z. 29.
Ἄρτεμις Νανᾶ in einer Weihinschrift, gefunden an der Stelle des
Metroons, annali 1862 S. 38; von P. Foucart, des assoc. rélig.
S. 101 wohl mit Recht auf die Göttermutter bezogen.
Ἀττίδεια, Spiele im Peiraieus, annali 1862. S. 30. 32 f. C. I. Att. II 4
n. 622; zum Dienst der Göttermutter gehörig, s. P. Foucart a. O.
S. 92.
Ἀφροδίτη Εὔπλοια, Οὐρανία, Συρία s. Anm. 42; vgl. auch unten
unter Μεγάλη Μήτηρ. Tempel πρὸς τῇ θαλάσσῃ d. h. über dem
Hafen bei Pausan. I 1, 3.
Βίνδις s. Anm. 35 f. Ἀδραστείας καὶ Βένδιδος C. I. Att. I n. 210,
vgl. Preller, griech Mythol. I³ S. 260. Auf sie bezügl. C. I. Att.
II 1 no. 610? s. auch 620. — Ihr Dienst erst zu Sokrates' Zeit ein-
geführt, Plato Staat, S. 327, vgl. A. Mommsen, Heortologie,
S. 425 f.
Διόνυσος s. oben Anm. 34. ὁ ἐμ Πειραιεῖ Διόνυσος oder Δ. ὁ Πει-
ραϊκός auf den Ephebenstelen C. I. Att. II. 1 no. 470, 12. 66. —
Demosth. geg. Mid. 10.
Ἑρμῆς nach Harpokr. u. d. W. πρὸς τῇ πολίδι Ἑρμῆς s. bes.
Wachsm. S. 519 Note 2. — Zwei Weiheinschriften Ross, Demen
S. 48 n. 16 (von den Epheben) und arch. Ztg. 1872, S. 21, vgl.
oben Anm. 21.
Ἑστία ein Decret στῆσαι ἐν τῷ ἱερῷ τῆς Ἑστίας C. I. Cr. 101 =
C. I. Att. II 1 n. 589.
Ζεὺς κτήσιος Antiphon I § 16, 18. — Demosth. geg. Mid. § 53.
Ζεὺς ξένιος wohl auch im Peiraieus C. I. Gr. 124.
Ζεὺς Λαβραῦνδος C. I. Att. II 4 n. 613 (a. 299/8 v. Chr.), s. P.
Foucart a. O. S. 105. 209.
Ζεὺς σωτήρ und Ἀθηνᾶ σώτειρα Strabo S. 396 (ἱερὸν) Pausan. I 1, 3
(τέμενος) Liv. XXXI, 30; Plin. XXXIV, 74 (templum) Plut.
Demosth. cap. 27. — Inschrift arch. Ztg. 1872 S. 21, s. oben
Anm. 22. Die Feste sind bekannt (Mommsen S. 452); die Opfer
an Zeus Soter und Athena Soteira z. B. C. I. Att. II 1. 305, 325.
326. 471, 29 u. a. — Vgl. auch Anm. 46.
Ζεὺς φίλιος Inschrift im Jahre 1866 über Zea gefunden: R. Schöne,
griech. Rel. no. 105; ebenda eine Inschrift, in der ein nicht zu be-
stimmendes Heiligthum erwähnt zu sein scheint, s. A. Kirchhoff.
Hermes II S. 169 f. S. für das Ganze C. Wescher, rev. archéol.
1866 II, S. 349 ff. R. Schöne a. O. n. 115. (vgl. Taf. I. Z).

Ἡρακλῆς Steph. Byz. u. d. W. 'Εχελίδαι· δῆμος τῆς Ἀττικῆς ἀπὸ
Ἐχέλου ἥρωος, οὗτος δ᾽ ἀπὸ Ἕλους τόπου μεταξὺ ὄντος Πειραιέως
καὶ τοῦ τετρακώμου Ἡρακλείου, ἐν ᾧ τοὺς γυμνικοὺς ἀγῶνας
ἐτίθεσαν τοῖς Παναθηναίοις; die τετράκωμοι nach Pollux IV 4
Πειραιεῖς, Φαληρεῖς, Ξυπετεῶνες, Θυμοιτάδαι. Wohl gleich-
dem Herakleion an der Enge von Salamis, vgl. Leake, Demen von
Attica S. 26 f.

Θεσμοφόριον C. I. Att. II 4 n. 573 b, S. 424 f. aus dem Peiraieus:
στῆσαι (τὸ ψήφισμα) πρὸς τῇ ἀναβάσει τοῦ Θεσμοφορίου.

Θησεὺς C. I. Gr. 103: τὸ Θησεῖον καὶ τἄλλα τεμένη ἅπαντα, vgl.
Plut. Thes. cap. 35.

Ἶσις in der Inschrift C. I. Att. II 4 n. 168, vgl. Hermes V, S 531.

Λευκο?]θέᾶς Σ]ωτήρας Ἑλλιμενίας eingekratzt auf einem der Sitze
im athenischen Dionysostheater III Keil, Reihe 7, s. Gelzer a. O.,
S. 466.

Μεγάλη μήτηρ vgl. auch Anm. 43, s. Domenico Comparetti, annali
1862, S. 23 ff., P. Foucart a. O. S. 85 ff., s. jetzt C. I. Att. II 1
no. 611 ff. dahin gehört auch die Widmung μητρὶ θεῶν εὐάντῃ
ἰατρίνῃ Ἀφροδίτῃ Foucart S. 98 f.

Ποσειδῶν· vii. X orr. Lykurgos ἔτι δὲ [νόμον εἰσήγαγεν ὁ Λυκοῦργος]
ὡς τοῦ Ποσειδῶνος ἀγῶνα κύκνα ἐμ Πειραιεῖ κυκλίων χορῶν
οὐκ ἔλαττον τριῶν. δεδόσθαι μὲν τοῖς πρώτοις νικῶσιν οὐκ ἔλαττον δέκα μνᾶς· τοῖς δὲ δευτέροις ὀκτώ. ἓξ δὲ τοῖς τρίτοις κρι-
θεῖσιν.

Σήραγγος Phot. S. 509 Σηράγγειον τόπος τοῦ Πειραιῶς κτισθεὶς
ὑπὸ Σηράγγου καὶ ἡρῷον ἐν αὐτῷ u. so öfter, Wachsmuth S. 317;
ein ἐν Σηραγγείῳ βαλανεῖον um 3000 Minen erwähnt Isaios
VI 33. Deutet der Name »auf ein durch Höhlen zerrissenes
Felsterrain« (Wachsm.), so passt nur das Ufer zwischen Zea und
Munychia.

Sochen, phönikischer Gott s. arch. Ztg. 1872 S. 21.

Φωσφόρου βωμός Clem. Alex. strom. I 24 ἀλλὰ καὶ Θρασυβούλῳ
τοὺς ἐκ πεσόντας ἀπὸ Φυλῆς καταγαγόντι καὶ βουλομένῳ λαθεῖν
στύλος ὁδηγὸς γίνεται διὰ τῶν ἀτριβῶν ἰόντι καὶ τῷ Θρασυβούλῳ
νύκτωρ, ἀσελήνου καὶ δυσχειμερίου τοῦ καταστήματος γεγονότος
πῦρ ἑωρᾶται προηγούμενον, ὅπερ αὐτοὺς ἀπταίστως προπέμψαν
κατὰ τὴν Μουνυχίαν ἐξέλιπεν ἔνθα νῦν ὁ τοῦ Φωσφόρου βωμός
ἐστιν. Ulrichs, Reisen u. Forsch. II S. 175 vermuthet wohl mit
Recht, dass der Altar im Bezirk der Artemis Munychia der Licht-
gottheit stand; damit wäre die Lage des Tempels derselben an
der Munychia noch sicherer.

47) (Zu S. 10.) Im Peiraieus ist das bei den Heiligthümern der Aphrodite Euploia und Syria, der Artemis und Bendis sicher der Fall.

48) (Zu S. 10.) Weshalb ich die Inschrift Ἐφημ. ἀρχ. 1872. n. 421 nicht
auf den Tempel des Zeus Soter beziehe, ist Anm. 40 gesagt. Viel eher
würde ich auf denselben das Bruchstück einer alterthümlichen Inschrift
beziehen, nach welchem Arbeiten an einem Tempel aus gemeinsamen
Beiträgen der ναύκληροι ausgeführt werden (C. I. Att. I n. 68). Was die

Lage des Tempels angeht, so verstehe ich die Worte Strabos S. 396 οἱ δὲ πολλοὶ πόλεμοι ... τὸν Πειραιᾶ συνέστειλαν εἰς ὀλίγην κατοικίαν τὴν περὶ τοὺς λιμένας καὶ τὸ ἱερὸν τοῦ Διὸς τοῦ σωτῆρος so, dass die kleine Ansiedelung auf den Norden (κωφὸς λιμὴν und Theil des Peiraieus; der Kantharos war ja ohnehin ganz bedeutungslos geworden) beschränkt blieb; denn nur um eine Katoikia — nicht um mehrere Dörfer wie Leake und Wachsmuth anzunehmen scheinen, — handelt es sich nach dem Ausdruck des Strabo. — Bei Pausar. I 1, 3 heisst πρὸς τῇ θαλάσσῃ offenbar so viel wie »über dem Hafen«. —

49) (Zu S. 11.) τὰ ἀκρωτήρια τῆς Ἀρτέμιδος φυλάσσειν, wie doppelsinnig das Dodonaeische Orakel anempfohlen hatte kurz vor der Einnahme des Peiraieus durch Antipater und der Besetzung der Burg. Plut. Phokion 28.

50) (Zu S. 11.) Von der nördlichen Säule ist die Bettung der runden Krepis im Felsboden (6—7 M. Dm.) zwei Stücke der Krepis selber mit Ablauf (0,84 hoch) sowie vier Säulentrommeln oder Fragmente von solchen (1,01; 0,80; 0,90 und über 0,40 hoch; Dm. 1,00$_l$ erhalten. — Auf der Akte liegen an dem bezeichneten Punkte (s. Taf. I.) Stücke von etwa 10 Säulentrommeln, eine wohlerhaltene misst 1,10 an Höhe, 1,63 an Dm. Die Verdübelung der uncannelirten Trommeln in Peiraieusstein war in alterthümlicher Weise (Parthenon) bewerkstelligt. Bei der südlichen Säule sind runde Vertiefungen (für Grabsteine?) und hart am Meere Grabtheken (z. B. 1,90 lg., 0,68 br., 0,57 tief) aus dem Felsboden geschnitten, welche häufig vom Meere überfluthet werden, und deren äusserste als Grab des Themistokles bezeichnet zu werden pflegt. Doch lag dieses — oder was man dafür hielt — wohl mehr nach innen, jenseits Alkimos nach Plut. Themistokles c. 32, s. Wachsm. 320, 4.

51) (Zu S. 11.) S. darüber Ulrichs, Reisen u. Forschungen II, S. 192. Neuestens sind in Alexandria anscheinend sehr fruchtbare Ausgrabungen angestellt und darnach ist ein Plan der antiken Stadt entworfen worden von Mahmud-Bey; reproducirt und besprochen von H. Kiepert, Zeitschr. d. Gesellsch. f. Erdkunde, Berlin 1872.

52) (Zu S. 11.) Aristides I 374 Dind. τέταται γὰρ ὑπὲρ τῆς θαλάσσης ἄνθος ὥρας ἀφεῖσα διηνεκές, ὥσπερ οὐ κατὰ μικρὸν πολισθεῖσα, ἀλλ' εἰς ἅπαξ ἀνασχοῦσα τῆς γῆς, οὐ πρὸς ἀνάγκην οὐδ' ἠπειγμένον τὸ μέγεθος παρεχομένη, ἀλλὰ πανταχοῦ πολλὴ καὶ παραπλησία. καὶ ἔστιν αὐτῆς τὸ μέγεθος κάλλους περιουσία· οὐδ' ἂν φαίης εἶναι πόλεις πολλὰς κατὰ μικρὸν διεσπαρμένας, ἀλλὰ μίαν μὲν πολλῶν ἀντίρροπον, μίαν μὲν ὁμόχρουν καὶ σύμφωνον ἑαυτῇ καθάπερ ἀνθρώπου σῶμα συμβαίνοντα τῷ ὅλῳ τὰ μέρη παρεχομένην, vgl. Strabon S. 647.

53) (Zu S. 11.) Zunächst die beiden Städte, welche Hippodamos noch selber anlegte: Thurioi (Diod. Sic. XII 10) und Rhodos (Aristid. I, S. 799 Dind.): τῆς ... πόλεως οὐδὲν ἕτερον ἑτέρου ὑπερέχον, ἀλλὰ διαρκῆ καὶ ἴσην τὴν κατασκευὴν οὖσαν, ὡς γένοιτ' ἂν οὐ πόλεως, ἀλλὰ μιᾶς οἰκίας· ἀγυιαὶ δὲ ἐξ ἀρχῆς εἰς τέλος διηνεκεῖς ἥκιστα ἀξίας καλεῖσθαι στενωπούς; also wie in der Peiraieusstadt, eine Analogie auf die auch Strabon S. 395 hinweist. Ueber Rhodos noch Diodor XIX 45 (θεατροειδὴς) XX 83. Strabon S. 652.

Dann Halikarnass, Vitruv. II 8; — Kos Diod. XV 76, Strabon
S. 657; — Mitylene schön angelegt Cic. de lege agraria II 16, 40, aber
unpraktisch Vitruv. I 6.

C. Fr. Hermann, de Hippodamo Milesio S. 56 scheint Smyrna für das unmittelbare Muster der Städteanlagen Alexanders und der Diadochen zu halten; doch ist Neu-Smyrna ja selbst erst eine Schöpfung Alexanders und das Vorbild war sicherlich der Peiraieus, wie denn ein solches Festhalten an dem einmal mustergiltig Gestalteten durchaus im griechischen Charakter, bekanntlich auch auf dem Gebiete anderer Kunstgattungen liegt.

Erklärung der Tafeln.

Taf. I. Plan des Peiraieus im Alterthume, photographisch verkleinert nach
der S. 1 und 3 erwähnten grösseren Aufnahme (die Dimensionen
z. B. der Strassen sind etwas übertrieben).
AN = west. Abschlussmauer des Peiraicus, s. S. 5.
B = Mauer der Vierhundert, s. S. 5.
G = Felsengraben, s. S. 6.
K = Kirchenreste s. Anm. 36.
OP = Fundorte der Grenzsteine $\pi o \varrho \vartheta \mu \epsilon i \omega \nu$ $\delta \varrho \mu \omega \nu$ $\delta \varrho o \varsigma$,
s. S. 7.
J = $\varDelta \epsilon \tilde{\iota} \gamma \mu \alpha$? s. Anm. 89.
Z = ein Tempel? s. Anm. 46 unter $Z \epsilon \grave{\upsilon} \varsigma$ $\varphi i \lambda \iota o \varsigma$.
V = Kleines Heiligthum ($\beta \omega \mu \acute{o} \varsigma$) der Munychischen Ar-
temis, s. S. 15 Anm. 13.
Die Höhen sind in Pariser Fuss gegeben nach Jul. Schmidt bei
E. Curtius, Text zu den sieben Karten S. 2.
Zur Ergänzung dient Taf. VI.: die Befestigungen der Eetioneia
im Maassstab der Originalaufnahme s. S. 5 u. 19.
Taf. II—V. Probestücke der Mauern und Thürme des Peiraieus nach Skizzen
von P. Ziller zu S. 6 u. 15 ff.